Oliver Fehn

Satans Trickkiste

Ein Kurs in Magie und Manipulation für alle Lebenslagen

Mit mehr als 100 praktischen Übungen!

„... und immer, wenn ich nach Hause komme,
ist meine Hosentasche voll mit kleinen Wundern.“

For J. J. on his Evil Mission

Vorbemerkung

Oliver Fehn, geboren 1960, beschäftigt sich seit seinem Studium der Theologie und Religionswissenschaft vorwiegend mit den praktischen Möglichkeiten des Satanismus. Seine Bücher „Satans Handbuch" (Bohmeier), „Die Schule des Teufels" (Bohmeier) und „Im Schein der Schwarzen Flamme" (Edition Esoterick) gelten inzwischen als Standardwerke des Pfades zur Linken. Unter den vielfältigen Anwendungsmöglichkeiten der Satanischen Philosophie geht es ihm vor allem um „magische Rezepte für den Alltag", die sofort und zuverlässig funktionieren. Obwohl der Verfasser dieses Buches bekennender Satanist und Mitglied der *Church of Satan (CoS)* ist, spiegeln die Texte in diesem Buch seine eigene Meinung wider, die sich zwar häufig mit der von der CoS vertretenen Weltanschauung deckt, dies aber nicht zwingend tun muss. So ist z. B. die Beschäftigung mit Astrologie, Tarot und NLP kein Bestandteil der Satanischen Philosophie; jeder Satanist muss selbst entscheiden, welche Haltung er dazu einnimmt. Wer sich mit dem Fundament der Satanischen Philosophie vertraut machen will, dem sei die entsprechende Primärliteratur von Anton LaVey, Blanche Barton und Peter H. Gilmore empfohlen.

Weitere Bücher von Oliver Fehn

Die dunkle Seite von Jesus – Ein blasphemischer Spaziergang durch die Welt des Neuen Testaments, ISBN 978-3-89094-460-9

Die Schule des Teufels – Satanisches Wissen für d. 21. Jahrhundert, ISBN 978-3-89094-389-3

Lehrstunden bei Luzifer – Ein magisches Staun- und Experimentierbuch, ISBN 978-3-89094-652-8

Satans Handbuch – Schwarze Philosophien, teuflische Rituale, sowie Ratschläge und Tricks für den Alltag, ISBN 978-3-89094-366-4

Gesamtherstellung: Bohmeier Verlag, Printed in Germany

ISBN 978-3-89094-606-1

Inhaltsverzeichnis

Gebrauchsanweisung

Du brauchst dich nicht von vorne bis hinten durch dieses Buch zu arbeiten. Du hast auf diese Weise zwar den größten Nutzen, aber wenn du willst, kannst du auch zuerst die Kapitel lesen, die dir im Moment weiterhelfen, den Rest irgendwann später. Du wirst einen entscheidenden Unterschied zu den Tipps und Ratschlägen anderer Bücher bemerken – nämlich, dass die Techniken in diesem Buch tatsächlich *funktionieren.*

Das ist die wesentliche Eigenschaft einer Problemlösungs-Strategie, die ich Satanisch[1] nennen möchte: Dass sie sich nicht auf leere Versprechungen und langatmiges Gefasel stützt, sondern *funktionstüchtig* ist. Solltest du zu denen gehören, die einfach nur ein wenig *Lesser Magic* ausprobieren wollen, wirst du über die verblüffende Wirksamkeit der beschriebenen Methoden womöglich erschrecken. Dafür kann ich keine Verantwortung übernehmen.

Du musst weder Satanist noch Mitglied der *Church of Satan* sein, um mit diesem Buch zu arbeiten. Alles was du brauchst, ist ein wenig Schläue und Intelligenz. Gerade die Kunstgriffe der Lesser Magic sind bei „nur durchschnittlich begabten" Menschen oft zum Scheitern verurteilt.

Bevor du zu lesen beginnst, sollen zwei Begriffe geklärt werden. Einer davon ist „Satanismus". Viele Menschen verstehen darunter Teufelsanbetung oder das Zelebrieren von Opferritualen und Schwarzen Messen. Wenn du besser informiert bist, weißt du, dass Satanismus damit nichts zu tun hat. Es handelt sich vielmehr um eine Form von rationalem Freidenkertum, kodifiziert im Jahre 1966 von dem Amerikaner Anton Szandor LaVey und bis heute verwaltet von der im gleichen Jahre gegründeten *Church of Satan*. Satanisten glauben im traditionellen Sinne weder an Gott noch an den Teufel. Sie führen Rituale im Sinne eines Psychodramas aus und verstehen die Wirksamkeit von Magie als wissenschaftlich exaktes, von den exakten Wissenschaften jedoch noch unerforschtes Phänomen.

Ein wichtiger Aspekt Satanischer Philosophie besteht darin, fähig zur Selbsthilfe zu sein und Probleme eigenständig lösen zu können; es bedeutet auch, sich freimütig aller Techniken und Methoden zu bedienen, die sich für das eigene Leben als hilfreich erweisen. Indem du also die Techniken in diesem Buch ausprobierst, handelst du *Satanisch*.

Du wirst feststellen, dass ein Großteil der aufgeführten Techniken nur insofern Satanisch sind, als sie brauchbare Lebens-Hilfe bieten. Der Satanist ist –

---

[1] Die konsequente Großschreibung des Adjektivs „Satanisch" in diesem Buch ist vom Verfasser beabsichtigt. Es handelt sich um eine orthografische Eigenheit, derer sich so gut wie alle Mitglieder der *Church of Satan* bedienen.

wie ich in „Satans Handbuch“ schrieb – „der ‚Trickster‘, ‚The Great Pretender‘, der sich mit Hilfe genialer Zaubertricks durchs Leben schlägt und den Herdenschafen stets um ein paar Nasenlängen voraus ist.“ Wer also auf eine Methode stößt, die für ihn funktionieren könnte, sie aber nicht ausprobiert, handelt nicht nur un-Satanisch, sondern auch dumm. Wer sie ausprobiert, und – falls sie für ihn wirkt – in seine persönliche „Trickkiste“ aufnimmt, handelt nicht nur Satanisch, sondern auch klug.

Der zweite zu klärende Begriff ist das Wort „Magie“. Meist wird es in Verbindung gebracht mit komplizierten Ritualen und alten Grimoires (Zauberbüchern) wie dem *Necronomicon* oder den *Schlüsseln Salomonis*. Wer schon einmal in solchen Büchern geblättert hat, weiß, dass sie eher verwirrend als hilfreich sind. Um den Leser zu verunsichern, bedienen sich ihre Autoren meist einer bewusst kryptischen und konfusen Sprache. Die beschriebenen Methoden sind kaum ausführbar, da sie entweder unendlich lange Vorbereitungszeiten oder Requisiten erfordern, derer man, wenn überhaupt, nur auf komplizierten Umwegen habhaft werden kann. Dies ist natürlich Absicht. Denn die eigentlichen, in solchen Büchern beschriebenen Techniken sind blanker Unsinn.

Die Rituale der Satanischen Magie Rituale sind von so einfacher und leicht zu praktizierender Art, dass jeder sie ohne viel Firlefanz durchführen kann. Und damit ist das Spektrum der Magie noch nicht erschöpft: Es enthält auch Manipulationstechniken, Psycho-Tricks und todsichere Alltags-Strategien, mit denen jeder seinen Erfolg im Leben steigern kann. Und dies garantiert, ohne dem Teufel dafür „seine Seele verkaufen“ zu müssen.

Falls du meine anderen Satanischen Bücher („Satans Handbuch“, „Die Schule des Teufels“ und „Im Schein der Schwarzen Flamme“) gelesen hast, mag der eine oder andere Ratschlag dir bekannt vorkommen; ich habe mich trotzdem bemüht, in diesem Buch vorwiegend *neue* Techniken vorzustellen. Falls du mit „Satans Trickkiste“ gute Erfahrungen sammelst (wovon ich überzeugt bin), kann ich dir nur empfehlen, auch die anderen drei Bücher zu lesen oder einen meiner Kurse zu besuchen, die das Wissen aller vier Bücher abdecken. Die darin beschriebenen Methoden haben (wie ich aus meiner „Fanpost“ weiß) schon bei vielen Lesern funktioniert.

Und noch etwas, das du mit diesem Buch anstellen kannst: Falls du im Moment keine dringlichen Probleme hast, die du sofort mit dem betreffenden Kapitel „in Angriff nehmen“ möchtest, bietet es auch einen guten Einstiegskurs in das Gebiet der Niederen Magie und Alltagspsychologie. Spiel einfach ein wenig damit herum. Falls das Buch dich dazu anregen sollte, das Gebiet der „Lesser Magic“ (oder auch der gesamten Magie) eingehender zu studie-

ren, kannst du die hinten im Buch abgedruckte Literaturliste als Basis für einen eigenen Leseplan verwenden.
„Satanism demands study, not worship" („Satanismus erfordert Studium, keine Anbetung"), sagte CoS-Gründer Anton LaVey. Und Satanisch zu leben bedeutet, alles zu nutzen, was einem hilft.
Nachfolgend ein paar Sachen, die *mir* geholfen haben.[2]

Münchberg, 19. März 2009
Oliver Fehn

---

[2] Die meisten Methoden habe ich selbst entwickelt; manche sind auch Abwandlungen andernorts beschriebener Techniken. Wann immer ich geborgt habe, weise ich mit Quellenangabe darauf hin.
Bei Fragen und Anregungen: Du kannst mich kontaktieren unter der E-Mail-Adresse: omfehn@gmail.com

Wie man uraltes Wissen nutzt

Bei dem Begriff „uraltes Wissen“ denken viele an verschollene Schriften aus Atlantis, an die gechannelten Botschaften von Engeln und Dämonen, oder an geheime Traktate, die in den Verliesen der Vatikanischen Bibliothek verschollen liegen. Tatsache aber ist: Das gesamte Wissen dieser Welt ist für jeden Menschen frei zugänglich. Mag sein, dass Forscher in den nächsten Jahrhunderten weitere apokryphe Schriften aus dem Wüstensand buddeln – sie werden nur für den Kanon des jeweiligen Wissensgebietes von Interesse sein, nicht aber für das Urwissen der Menschheit. *Alles, was es zu wissen gibt, ist für jeden erfahrbar.*

Das Problem liegt bei uns. Wir sind in den meisten Fällen nicht bereit, „altes Wissen“ zu akzeptieren. Es erscheint uns selbstverständlich, abgedroschen und wenig spektakulär. Daher wenden wir es nicht als Instrument in unserem Alltag an, und daher misslingen uns viele Dinge, die wir – ausgestattet mit diesem Wissen – problemlos gemeistert hätten.

Was ist also mit „uraltem Wissen“ gemeint? Das, was wir als „Selbstverständlichkeiten“ oder „Binsenweisheiten“ bezeichnen.

★ **Beispiel:** Seit Jahrtausenden wird gelehrt, dass es von Vorteil ist, zu anderen immer „Danke“ und „Bitte“ zu sagen. Dann jedoch sind wir vielleicht als Kinder der 68er-Generation aufgewachsen und halten solche Formalitäten nicht für notwendig. Ergebnis: Die Qualität unseres Lebens verschlechtert sich. Denn unsere Mitmenschen reagieren tatsächlich positiver, wenn wir ihnen danken oder sie bitten, und kein Mensch fand es je aufbauend, in einem schnoddrigen, pseudo-kollegialen Tonfall „attackiert“ zu werden. Für uns, die Verursacher, bedeutet das: Wir bekommen weniger im Leben, nur weil wir nicht in der Lage sind, diese kleine, aber hochwirksame Technik anzuwenden.

★ **Beispiel:** Ernährungsberater raten uns, das Essen richtig zu kauen, bevor wir es schlucken. Wir nicken das ab und kauen weiter schlampig. Später rätseln wir, wo die Magenbeschwerden herkommen. Wir haben die Warnung als „Binsenweisheit“ empfunden, und als Folge davon hat unsere Lebensqualität sich verschlechtert.

★ **Beispiel:** Wir lesen in einem Selbsthilfebuch, dass andere Menschen sich kooperativer zeigen, wenn wir sie öfter mal mit ihrem Namen ansprechen. Eigentlich ist das klar, weil wir für uns selbst nun mal die wichtigste Person auf Erden sind. (Du nicht? Okay, wen suchst du als erstes auf einem alten Schulfoto? Aha.) Wir mögen es lesen, wir mögen es glauben, doch im Umgang mit anderen beherzigen wir es nicht. Hätten wir jedoch zur Personalche-

fin ein- oder zweimal öfter „Frau Hüttner" gesagt, hätten wir den Job jetzt in der Tasche. Nun heißt es, weiter stempeln gehen.
Bedeutet das nun, dass wir alles glauben müssen, was uns von Eltern, Lehrern oder in Büchern geraten wird? Natürlich nicht. Was wir aber tun sollten: Es wenigstens ein- oder zweimal ausprobieren. Wir können über nichts, wirklich nichts ein Urteil fällen, womit wir keine Erfahrung haben. Wenn du in einer Zeitschrift, einem Buch oder einer anderen Quelle einen Ratschlag liest, mach wenigstens die Probe aufs Exempel. Und tu es wenigstens eine Woche lang. Betrachte es als dein „Praktikum" in Bezug auf eine möglicherweise neu gewonnene Erkenntnis. Wenn die Sache nicht funktioniert, vergiss sie. Wenn sie funktioniert – gratuliere! Du bist soeben befördert worden.

★ **Beispiel:** Die *Church of Satan* empfiehlt als Standardwerk zum Umgang mit anderen Menschen Dale Carnegies Bestseller *How to Win Friends and Influence People (Wie man Freunde gewinnt und Menschen beeinflusst)*. Das Buch ist seit Jahren ein Longseller; Millionen von Menschen müssen es gelesen haben, doch merkt man davon etwas? Wirken die Personen, denen wir im Alltag begegnen, wie Experten in Sachen Kommunikation? Eher nicht. Was läuft da schief?
Etwas sehr Simples: Die Leser des Buches nehmen Carnegies Ratschläge zwar zur Kenntnis, *beherzigen* sie aber nicht. Von einigen denken sie, sie hätten es schon immer so gemacht. Andere erscheinen ihnen überflüssig, weil selbstverständlich. Andere vergessen sie einfach. Wieder andere werden einmal durchexerziert, aber falsch, daraufhin für wirkungslos erklärt und folglich verworfen. So schafft man es, ein wertvolles Buch zu lesen, ohne den geringsten Nutzen daraus zu ziehen. Es ist, als nähme man ein nahrhaftes Essen zu sich, nur um sich danach absichtlich zu übergeben. Was hat der Körper nun davon?
Wer sich wirklich für den Umgang mit anderen Menschen interessiert, dem empfehle ich die Lektüre von Carnegies Buch dringend. Vielleicht lohnt es sich sogar, es so zu lesen, wie *ich* es gelesen habe: Ich reservierte mir pro Woche einen Carnegie-Tag – den Sonntag – und las an diesem Tag jeweils *ein* Kapitel. Der Rest der Woche bestand aus Praxis-Tagen, an denen ich die betreffenden Techniken im Alltag ausprobierte. Wie viele der völlig selbstverständlich klingenden Ratschläge ich zum Schluss wohl verwerfen musste?
Nicht einen einzigen.
Uns fehlt die Gabe, zu lernen. Wir überfliegen nur, nicken ab, nehmen zur Kenntnis, ziehen aber keinen *Nutzen* aus Büchern, Kursen und Ratschlägen. Doch das Lesen, Hören oder Rezipieren ist nur der erste, noch gar nichts bewirkende Schritt – das eigentliche Lernen vollzieht sich danach, wenn wir das

Betreffende in die Tat umsetzen. Nur wer aus *eigener* Erfahrung bestätigen kann, dass Carnegies Ratschlag „Sprechen Sie von Dingen, die den *anderen* interessieren" eine wahre Perle der Lebenshilfe ist, hat die Lektion gelernt, verstanden und zum Teil seines Systems gemacht.
Auch in diesem Buch begegnet dir vielleicht die eine oder andere Empfehlung, die dir „althergebracht" vorkommt. Probiere sie trotzdem aus. Mache sie eine Woche lang ganz bewusst zum Teil deines Systems. Mehr als einmal wirst du verblüfft sein, an welch wichtigem Wissen du bislang blind vorbeigerauscht bist.

Übungen

1. Gibt es Ratschläge, Inhalte oder Weisheiten, die du nie groß beachtet hast, weil sie dir selbstverständlich erschienen? Gerade solche Dinge sind es, die dir eine Menge neuer Erkenntnisse bieten können. Lies und hör nicht über Ratschläge hinweg, nur weil sie dir auf Anhieb bekannt vorkommen. Mag sein, dass du sie kennst – du hast sie aber nie befolgt. Der alte Spruch „Es gibt nichts Gutes, außer man tut es" erscheint mir in diesem Zusammenhang ziemlich weise.
2. Überleg dir, wie man scheinbar banale Ratschläge wie „Wasch dich und putz dir regelmäßig die Zähne" interessanter verpacken könnte, damit sie beim Empfänger auch tatsächlich „ankommen". Laut Statistik sind die meisten Europäer in diesem Punkt nämlich – trotz sämtlicher Tipps von Leuten, die es besser wissen – nicht allzu gewissenhaft. Aber das Schicksal von Menschen, die ihre Körperpflege vernachlässigen, kann grausam sein. Ich kenne Beispiele: Typen, die gar nicht mal so schlecht angekommen wären, hätten sie nicht gemieft wie eine Ratte. Sie starben einsam. Und dies, wie ich finde, zu Recht.
3. Schnapp dir irgendein Buch, dessen Lektüre du vorzeitig abgebrochen hast, weil es dir scheinbar nichts Neues zu bieten hatte – und gib ihm eine zweite Chance. Lies es diesmal etwas genauer. Stecken da nicht doch ein paar Erkenntnisse drin, die interessant für dich sein könnten? Falls du wiederum nichts entdecken kannst – okay, wirf es weg. Sei aber trotzdem bereit, dich überraschen zu lassen.

Wie man bei einem Gespräch den Ton angibt

Man gibt bei einem Gespräch *nicht* den Ton an, indem man lauter redet als der andere, einen größeren Textanteil bestreitet oder auf mechanische Weise kontert. Das sind die Waffen eines *Amateurs*.
Sich bei einem Streitgespräch der Waffen eines Amateurs zu bedienen ist vergleichbar damit, in unserer modernen Zeit einen Krieg gegen ein mit ABC-Waffen gerüstetes Land mit Hilfe von Holzknüppeln gewinnen zu wollen. Satanische Kommunikationstechniken sind da um einiges raffinierter.
In diesem Zusammenhang gleich wieder eine vermeintliche „Binsenweisheit": Verbale Kommunikation kann nur dort stattfinden, wo man bereit ist, dem anderen Text zuzugestehen, das heißt: ihn ausreden zu lassen. Dies geschieht bei vielen Gesprächen nicht – vor allem, wenn unterschiedliche Standpunkte darauf warten, dargelegt zu werden. Stellen wir uns daher zunächst die Frage: Was bewegt einen Gesprächspartner dazu, uns keinen Text zuzugestehen?
Ich würde sagen: *Angst*.
Bei Straßenschlägereien gilt das Gesetz: Schlag zuerst zu, bevor der andere dich vernichtet. Wenn du erst angeschlagen bist oder Schmerzen hast, sind deine Energien reduziert, und du wirst den Kampf verlieren.
Aus ähnlichen Gründen unterbrechen Menschen andere bei verbalen Gefechten. Sie haben Angst vor der argumentatorischen Überlegenheit des anderen; deshalb greifen sie zu unlauteren Mitteln. Was bei einem Streetfight vielleicht tatsächlich die Methode der Wahl ist, erweist sich bei einem Gespräch zwischen intelligenten Menschen als die respektloseste Vorgehensweise überhaupt. Es ist wie in dem Film „Devil's Advocate", wo ein Verteidiger vor Gericht das Plädoyer des Staatsanwalts vorsätzlich „verhustet".
Natürlich werden Menschen, die andere nicht ausreden lassen, ihre Angst niemals eingestehen. Sie ist ihnen meist selbst nicht bewusst. Sie merken nicht, wie nervös sie sind, wie sie hecheln, wie ihnen fast jeder Satz zum Krüppel gerät, wie sie eigentlich nur noch „Ton erzeugen", um die Stimme des anderen irgendwie zu überlagern. Das Lustigste: Nachher haben sie tatsächlich oft das Gefühl, die Diskussion „gewonnen" zu haben – was schwer zu widerlegen ist, wenn keine unbeteiligten Zeugen zugegen waren. Vor einem Publikum, etwa im Fernsehen, wäre das anders.
Wenn du andere nicht ausreden lässt, ist das ein Zeichen dafür, dass du nur schwache Argumente hast. Du fühlst dich vielleicht „fest im Sattel", doch sobald du dazu neigst, andere zu unterbrechen, ist es höchste Zeit, deine Meinung zu überprüfen. Ist sie womöglich nur Ideologie? Laufen deine Überzeugungen dem zuwider, was jeder mit seinen Sinnen und seinem Verstand er-

kennen kann? Es lohnt sich, die eigenen Ansichten in solchen Fällen einer gnadenlosen Prüfung zu unterziehen.
Ein zweites Indiz dafür, auf dem Holzweg zu sein, ist Lautstärke. Wer bei einer Diskussion schreit, vertraut seiner Argumentation ebenso wenig wie der „Unterbrecher". Im Straßenkampf-Vergleich ist er derjenige, der versucht, die härteren und schmerzhafteren Schläge auszuteilen – wiederum eine gute Methode beim Fighten, nicht aber beim Diskutieren. Hier geht es nicht darum, den anderen zu über*tönen*, sondern ihn zu über*zeugen*.
Damit jemand für Argumente zugänglich wird, muss er sich als erstes „heimisch" fühlen. Wir alle kennen das Gefühl: Mit gewissen Personen macht Diskutieren Spaß, mit anderen gar nicht. Das liegt daran, dass wir uns bei solchen Leuten nicht „heimisch" fühlen. Wir haben – bildlich gesprochen – das Gefühl, es mit einer anderen Spezies zu tun zu haben. Aber Zoo-Wölfe finden es am behaglichsten im Wolfsgehege, wo die Bedingungen, weil den natürlichen Lebenskonditionen nachempfunden, ihnen am zuträglichsten sind. Im Dachsgehege fühlt der Wolf sich nicht so wohl, und bei den Schafen höchstens so lange, bis er satt ist.
Der Gesprächspartner, den wir überzeugen wollen, muss zu dem Eindruck gelangen, wir seien jemand von der „gleichen Spezies" wie er. Dies können wir erreichen, indem wir – auf sehr nuancierter Ebene – ein wenig von seiner Sprechweise annehmen, ein wenig seine Bewegungen nachahmen, ein wenig auf sein Vokabular lauschen.
NLP-Fachleute wissen z. B., dass es ein großer Unterschied ist, ob jemand sagt „Ich sehe keine Lösung" (optischer Typus) oder „Mir fällt keine Lösung ein" (Verstandestypus). Es sind zwei verschiedene Arten Mensch, die da miteinander kommunizieren.
Verkopfte Menschen (auch unter der Selbstbezeichnung „Realisten" bekannt) würden z. B. nie sagen „Ich habe das Gefühl, etwas ist so und so." Klar – wer kaum Gefühle hat, gerät auch nicht in Versuchung, das Wort in sein aktives Vokabular einzubauen. Kopfmenschen sagen eher: „Ich *denke*, etwas ist so und so."
Sei ruhig bereit, dir ein paar Verhaltensmuster der fremden Spezies anzueignen – natürlich nur für die Dauer des Gesprächs. Das hat nichts mit „Einschleimen" zu tun – der andere weiß ja gar nicht, wieso er dir plötzlich aufmerksamer zuhört. Er hat keineswegs das Gefühl, du würdest ihm schmeicheln – er findet dich einfach nur okay. Was zur Folge hat, dass er eher bereit ist, auf deine Argumente einzugehen bzw. sie wenigstens zu prüfen.
Zauberei? Wer weiß? Es gehört zum Wesen der Zauberei, dass sie sich ganz natürlicher Methoden bedient. Im dampfenden, blubbernden Hexenkessel des

Magiers wirst du auf keine Zutat stoßen, die es auf unserem Planeten nicht gibt.

Übungen

1. Wer andere unterbricht oder nicht ausreden lässt, ist sich dieser Tatsache häufig nicht bewusst. Beobachte einmal, in welchem Maße andere bereit sind, dir bei einer Diskussion „Text zuzugestehen“ – und umgekehrt. Analysiere in letzterem Falle die Themen, um die es dabei geht – und suche nach dem „Wurm“. Wo fühlst du dich unsicher? Wo vertrittst du Ansichten, an die du selbst nicht glaubst? Wo kannst du Wissenslücken und Informationsdefizite beheben?
2. Mache die gleiche Übung in Bezug auf Momente, in denen du bei einer Diskussion „laut wirst“. Das muss kein Schreien sein – allein die Tatsache, dass man es an einer gewissen Stelle für nötig befindet, lauter zu werden, kann auf eine „Schwachstelle“ hinweisen.
3. Wähle drei Menschen, mit denen du viel zu tun hast, und stelle fest, ob sie mehr dem Verstandes- oder dem Gefühlstypus zugehören.
   Probiere den psychologischen Trick aus, ihnen beim nächsten Gespräch unbemerkt eine Spur „entgegenzukommen“ – und beobachte, was geschieht.

Wie man die wildesten Burschen zähmt

Auch dieses Kapitel hat mit Kommunikation zu tun – allerdings auf elementarerer Ebene. Es erklärt, wie Kommunikation überhaupt entsteht. Mach einen Spaziergang durch den Park – auf der einen Seite der Promenade sitzt auf einer Bank der emeritierte Philosophieprofessor Blankenstein und studiert seine Sonntagszeitung, ein paar Meter weiter hockt, neben sich im Gras einen Berg leerer Bierdosen, ein 19-jähriger Fußball-Hooligan im Vereins-T-Shirt und sinnt auf Konfrontation.

Kann zwischen diesen Parteien so etwas wie Kommunikation entstehen? Auf den ersten Blick nicht.

Genau genommen, ist jene Kommunikation auch gar nicht notwendig. Denn die Parteien haben sich nichts zu sagen. Professor Blankenstein ist es egal, welche Mannschaft die Liga dominiert, dem jungen Fußball-Junkie wiederum würde ein Vortrag über Kant oder Schopenhauer mit Sicherheit den Tag vermiesen. Es könnte jedoch der seltene, aber durchaus denkbare Fall eintreten, dass eine Kommunikation sich als *notwendig* oder zumindest sinnvoll erwiese. Der Professor könnte eine Herzattacke haben und jemanden um Hilfe bitten müssen. Der junge Proll könnte Wechselgeld für den Zigarettenautomaten benötigen. Vorausgesetzt, es befände sich niemand Adäquateres in der Nähe, wären beide zumindest versucht, mit dem jeweiligen Alien ins Gespräch zu treten.

Die Trickkiste der Lesser Magic stellt uns für solche – und viele weitere Eventualitäten, die Kommunikation erfordern – ein brauchbares Werkzeug bereit. Gleich vorab: Der Professor hat die besseren Karten, da er auf Grund seines Intelligenzvorsprungs befähigter ist, dieses Werkzeug anzuwenden. Dem Proll fällt es zweifellos schwerer, sich der Methode zu bedienen. Aber das ist zweitrangig – wichtiger ist, dass sie bei ihm *wirkt*.

Vielen fällt es schwer, mit anderen in Kommunikation zu treten, sofern es sich bei den potentiellen Gesprächspartnern um Menschen einer anderen Kategorie handelt. Viele wollen es auch gar nicht – oft zu Recht. Unsere Methode jedoch ist für Situationen gedacht, in denen ich den anderen *manipulieren* und auf diese Weise für meine Zwecke nützlich machen kann:

1. Finde eine Eigenschaft am anderen, die du magst. Irgendetwas, das ihn einnehmender macht als er ohne diese Eigenschaft wäre. Es kann etwas sein, dass dich an einen geliebten Menschen erinnert, oder etwas, das – falls der andere dir unsympathisch ist – sich so gar nicht ins Bild fügt. Es ist oft nicht leicht, ein solches Attribut zu finden – aber in den meisten Fällen klappt es. Dies erzeugt so etwas wie Teil-Sympathie für den ande-

ren (denke stets daran, es geht nur um deine eigenen Zwecke, nicht darum, jemanden „lieben zu lernen"). Wenn der Sympathiewert sich erhöht, verändert sich die vom Körper ausgeschüttete Zusammensetzung der Hormone. Du beginnst, anders zu „riechen". Da wir aber nachweislich auf den Geruch unseres Gegenübers reagieren (wenn auch ohne es zu merken), erschnüffelt dein potentieller Gesprächspartner nun etwas „Positives". Das stimmt ihn milder.

2. Du kannst jetzt mit der verbalen (unter Umständen auch nicht-verbalen Kommunikation) beginnen. Such dir als Einstieg möglichst etwas, worin ihr übereinstimmt. Das kann sich auf einem durchaus belanglosen Niveau bewegen: das Wetter, irgendwelche Eindrücke, etwas Störendes, etwas Angenehmes etc. –
   Es ist jedoch unbedingt vonnöten, diese „Gemeinsamkeit" erkennbar zu machen. Zusammen mit dem Geruchseffekt der ausgeschütteten Hormone entsteht eine „unschlagbare" Mischung, die einen Großteil der potentiellen Aggression und des Misstrauens im Keim erstickt.

★ **Beispiel:** Vor deinem Haus hört zu mitternächtlicher Stunde eine Gruppe Jugendlicher laute Rockmusik. Du weißt, dass du um sieben Uhr aufstehen musst. Hier ist leicht zu klären, wer Verursacher ist und wer der Beeinträchtigte: Du störst die Jugendlichen nicht, indem du in deiner Wohnung im Bett liegst, sie aber stören dich, indem sie draußen Musik hören. Also sind sie es, die einen Rückzieher machen müssen. Das heißt: Du musst es ihnen irgendwie beibringen; andernfalls ändert sich an der Situation nichts.

1. Versuche zunächst, etwas zu finden, das dir an ihnen sympathisch ist. Vielleicht hilft es, an deine eigene Jugend zurückzudenken, an deine eigenen Sünden in punkto Lärmbelästigung. Vielleicht findest du auch eine/n aus der Gruppe attraktiv. Hier kannst du deiner Fantasie allen Spielraum lassen. Klingt nach einer lästigen Fleißaufgabe, ist aber Strategie, um auf die Hilfsmittel der Lesser Magic zugreifen zu können.

   Dein Gesicht, deine Körperhaltung, dein Habitus, dein Tonfall wird dieses Sympathie-Fragment widerspiegeln. Hinzu kommt der Geruch des Hormon-Cocktails, das dein Körper zusammengebraut hat.

2. Wenn du hinausgehst, um mit den Jugendlichen zu sprechen (d. h. sie zu bitten, das Radio leiser zu stellen), musst du als nächstes eine *Übereinstimmungshaltung* erschaffen. Natürlich besteht zwischen euch kaum eine Übereinstimmung, deshalb ist deine Fähigkeit zum Erschaffen gefragt. Du könntest sagen: „Was ist das? Marilyn Manson? Nicht schlecht."

Es wird eine Konversation entstehen. Im Laufe dieser Konversation kannst du – in nettem Tonfall – darauf hinweisen, dass du in wenigen Stunden aus der Falle musst und es dir lieber wäre, wenn sie die Musik womöglich „ein paar Fon“ leiser stellen würden.
Ich garantiere dir, sie *werden* deiner Bitte Folge leisten.

Es ließe sich natürlich fragen: Wäre es nicht besser, gleich die Polizei zu rufen und jene Unsympathen von der Bildfläche entfernen zu lassen? Das obliegt dir selbst. Du musst selbst entscheiden, ob du deine Probleme allein lösen kannst oder die Polizei brauchst.
Das Muster Sympathie – Übereinstimmung funktioniert übrigens nicht nur in Krisensituationen. Es funktioniert *immer*, wenn es darum geht, mit anderen in Kommunikation zu treten – egal wie artverwandt oder artfremd sie dir sind.

Übungen

1. Such dir einige Personen aus, die du auf den Tod nicht ausstehen kannst. Und nun denk darüber nach, welches Partikel, welche Kleinigkeit du an ihnen sympathisch finden und sie dadurch manipulieren könntest. Auch wenn es schwer ist – denk eine Weile darüber nach. So wie jeder Mensch, den man liebt, irgendwo „ein Haar in der Suppe“ hat, besitzen auch Leute, die man hasst, wenigstens *ein* Attribut, das man als eher positiv empfindet.
2. Wende die Sympathie/Übereinstimmungs-Methode zunächst in geringfügigeren Konfliktsituationen an, damit du ein Gefühl für die notwendige Distanz bekommst. Sie wird dir mit der Zeit in Fleisch und Blut übergehen, und du kannst sie mit hoher Erfolgsquote auch bei schwereren Konflikten anwenden.
3. Erstelle dir eine Liste von Übereinstimmungshaltungen, die so gut wie universal anwendbar sind. Du vermeidest auf diese Weise, dir im Ernstfall erst etwas einfallen lassen zu müssen und dabei wertvolle Zeit zu verlieren. So kannst du einfach auf deine Liste zurückgreifen.

Wie man kreative Blockaden löst

Autoren klagen oft über „Schreibblockaden“, Künstlern fallen keine Motive mehr ein, und Songwriter haben keine Lust, das Millionste Lied über zerbrochene Herzen zu schreiben. Kreative „Löcher“ sind in Künstlerkreisen keine Seltenheit. Befremdend ist, dass die meisten Betroffenen – anstatt etwas dagegen zu unternehmen – ihr Problem zur Krise hochstilisieren, den Leuten erzählen, wie „ausgebrannt“ sie sich fühlen („Burnout“ nennt man das heutzutage; vor zwanzig Jahren wusste kein Schwein, was das ist) – und damit tatsächlich einen Virus in ihr System schmuggeln, der schwer zu beseitigen ist.

Dabei ist es gar nicht schwer, der schöpferischen Ebbe eine Flut von Einfällen folgen zu lassen. Die Krux ist nur, dass die meisten von uns es gewohnt sind, linear zu denken. Lineares, sprich: logisches Denken spielt sich in der linken Gehirnhälfte ab, und mit der allein lassen sich kreative Problemlösungen nicht finden. Wir brauchen immer Verstärkung von „rechts“.

Für kreative Blockaden steht uns der größte Pool an Lösungsmöglichkeiten zur Verfügung, den es überhaupt gibt – nämlich *alles*.

Nehmen wir an, du möchtest ein Buch schreiben. Oder nur ein kurzes Essay für eine Zeitschrift, oder einen Erlebnisaufsatz. Du sitzt also da und schreibst, aber an irgendeiner Stelle gerät der kreative Prozess ins Stocken. Dein Gehirn liefert nichts mehr nach. Deine Gedanken drehen sich im Kreis, und jede Idee, die dir kommt, erscheint dir furchtbar banal.

Verschiedene Experten empfehlen an dieser Stelle „Mindmapping“, d. h. das Erstellen einer Gedächtniskarte. Das sind Diagramme mit Blasen, in denen Worte oder Satzfragmente stehen, wobei zwischen den Blasen wiederum Querverbindungen hergestellt werden.[3] Wie viele von diesen sogenannten „Clusters“ man letztlich verwendet, entscheidet man selbst. Ich habe versucht, mit solchen Mind-Map-Karten zu arbeiten, fand die Resultate jedoch nicht überzeugend. Womöglich ein subjektives Phänomen – denn eine Menge Leute schwören auf das Mind-Mapping.

Vera Birkenbihl, die für ihre originellen Methoden bekannte Lerntrainerin, empfiehlt sogenannte ABC-Listen.[4] Man schreibt auf ein Blatt Papier untereinander alle Buchstaben des Alphabets und versucht danach, zu jedem Buchstaben ein Wort zu finden, das in eine zuvor festgelegte Rubrik passt. Man kann sich eine Tier-Liste, eine Prominenten-Liste, eine Liste mit Gesellschaftsspielen und tausend andere Listen erstellen. In einer Notsituation kann

---

[3] Wer die Methode im Detail studieren will, sollte sich „Das Mind-Map-Buch. Die beste Methode zur Steigerung ihres geistigen Potentials“ von Tony und Barry Buzan zulegen.

[4] Vgl. Vera Birkenbihl, ABC-Kreativ, München 2004.

man diese Listen dann zu Rate ziehen, indem man durch Zufall oder Assoziation einen bestimmten Buchstaben wählt und den darunter verzeichneten Begriff aus einer dieser Listen als Denkhilfe benutzt.

★ **Beispiel:** Du hast ein Problem mit deiner Freundin Sabine; sie macht den Eindruck, mit eurer Beziehung nicht mehr zufrieden zu sein. Du nimmst dir die Liste mit den Gesellschaftsspielen vor, und da es um Sabine geht, wählst du den Buchstaben S (du kannst dir aber auch eine Art Lostrommel mit sämtlichen Lettern des Alphabets basteln und „blind" ziehen). Du stößt auf den Begriff „Schach".
Beim Schach geht es darum, den Gegner mit seinen Spielsteinen bewegungsunfähig zu machen. Wer schachmatt ist, den hat sein Rivale „in die Ecke gedrängt". Könnte das Problem, das deine Freundin mit dir hat, in eine ähnliche Richtung gehen? Gewährst du ihr zu wenig Freiheit? Befindet sie sich wie der besiegte König auf dem Schachbrett in einer Matt- oder zumindest Patt-Situation? Lass deine Gedanken an dieser Stelle ruhig frei flottieren. Unter Umständen bist du der Lösung näher als du meinst.
Also bitte, werden manche sagen, das ist doch Kartenschlägerei. Ist es nicht. Es ist eine ganz exakte Methode, auf Denkschienen zu wechseln, die man ohne diese Hilfsmittel nie entdeckt hätte. Wir alle neigen dazu, uns beim Denken und Problemlösen im Kreis zu drehen. Wir gehen stets vom gleichen Ansatz aus, und dann geht es in stets die gleiche Richtung weiter, und genau das ist es, was wir mit „ausgetretenen Pfaden" meinen. Stattdessen wäre es viel besser, jungfräuliches Land zu betreten, aber um dorthin zu gelangen, brauchen wir erst mal ein Vehikel, das unsere Denkapparate von dort entfernt, wo sie außer Althergebrachtem nichts produzieren.

Eine weitere Spielart solcher Listen besteht darin, den Überbegriff, der das Thema kennzeichnet, in senkrechter Buchstabenfolge untereinander zu schreiben – zum Beispiel: M-A-G-I-E.
Der nächste Schritt besteht darin, jedem Buchstaben einen Begriff zuzuordnen, der zum Themenkreis Magie passt:

M ODERN
A UFREGEND
G OTT
I KONEN
E GO

Versetzen wir uns in die Lage einer Person, die einen Vortrag zum Thema Magie halten soll. Welche neuen Ideen liefern ihr die Stichworte?

Modern: Gibt es so etwas wie moderne Magie? Wie unterscheidet sie sich von der Magie aus alten Tagen? Kann etwas so Rudimentäres wie Magie überhaupt einer Mode unterworfen sein?
Aufregend: Was ist so aufregend an der Magie? Wahrscheinlich vor allem die Resultate. Warum beginne ich meinen Vortrag nicht aufregend, d. h. wie einen Erlebnisbericht über eine magische Operation, die erfolgreich verlief?
Gott: Spielt Gott oder irgendein Gotteskonzept eine Rolle in der Magie? Macht der Magier sich selbst zum Gott? Wenn ja, inwiefern deckt sich dieser Gottesbegriff mit dem tradierten? Oder handelt es sich um ein völlig neues Gott-Konzept?
Ikonen: Ikonen sind Bilder. Inwiefern können Bilder bei magischen Experimenten nützlich sein? In welcher Hinsicht ist dem Bild gegenüber dem Wort Vorrang einzuräumen? Welche Gattungen von Bildern gibt es (Ornamente, Leitbilder, Fixierungen, Trugbilder, etc.)?
Ego: Wie ego-zentriert ist Magie? Was ist von dem in östlichen Religionen vielfach propagierten Ego-Verzicht zu halten? Lässt er sich mit magischem Denken vereinbaren? Ist das Ego für den Magier Segen oder Fluch?
Diese Vielfalt an Assoziationen reicht völlig aus, um einen, unter Umständen sogar mehrere Vorträge zum Thema Magie zu halten.
Die Birkenbihl-Methode bzw. jede selbst kreierte Abwandlung davon schenkt uns *Unendlichkeit*. Nicht im mathematischen Sinne, denn auch der Bestand an Wörtern der deutschen Sprache ist begrenzt; wir bräuchten allerdings mehrere tausend Leben, um ihn in literarischer Hinsicht auszuschöpfen. Stell dir vor, du müsstest zu jedem Wort in einem Wörterbuch einen Roman schreiben, z. B. zu dem Wort „Geldgier". Es würde dich z. B. zu folgenden Assoziationen führen:

G ERISSENHEIT
E KEL
L ÄUFIGE HÜNDIN
D UMMHEIT
G ELEGENHEIT ABWARTEN
I NSELDASEIN
E RSCHÖPFUNG
R AMBO-METHODEN

Würde dir dazu eine Geschichte einfallen? Mir schon.

Ich möchte Vera Birkenbihls ABC-Methode[5] noch um die Wörterbuch-Methode ergänzen. Dazu brauchst du einen Duden (oder ein ähnliches Wörterbuch) sowie eine Nadel (der Zeigefinger tut's auch). Nun stell dir vor, du bist an einer kreativen Blockade angekommen – z. B. weißt du nicht mehr, wie du die Geschichte, an der du schreibst, weiterführen sollst. Öffne das Wörterbuch an einer beliebigen Stelle und stich mit der Nadel bei geschlossenen Augen in ein Wort.

★ **Beispiel:** Du schreibst die Erzählung von einer Frau, die weiß, dass ihr Mann fremdgeht und die nun auf subtile Weise Rache an ihm nehmen will. Leider streikt dein Gehirn, wenn es um die verschiedenen Rachemethoden geht.
Wende die Wörterbuch-Methode an.
Das Wort, das du mit der Nadel getroffen hast, heißt „Kirche". Du sollst dich jetzt nicht zwanghaft fragen: Wie kann ich eine Kirche in meine Geschichte einbauen? Die korrekte Frage lautet: Wie bringt der Begriff mich weiter? Nun, der Mann könnte ein hohes Tier im Kirchenvorstand sein. Sie könnte Pornohefte in sein Büro schmuggeln – an eine Stelle, wo sein Vorgesetzter einfach darüber stolpern muss. – Das ist aber nicht die einzige Möglichkeit, wie das Wort dich *weiterbringen* kann. Eine Kirche ist ein *hohes* Gebäude. Die Frau könnte sich daran erinnern, dass ihr Mann an *Höhenangst* leidet. Sie weiß, dass er völlig austickt, sobald er auf eine Leiter steigen muss. Wie könnte sie seine Höhenangst in ihre Rachepläne einbinden?
Du befragst wieder den Duden.
Diesmal gelangst du zu dem Wort „Orthopäde". Frag dich jetzt wiederum nicht, wie du einen Orthopäden in der Story unterbringen kannst. Aber du weißt: Ein Orthopäde ist ein Facharzt für Erkrankungen der Bewegungsorgane. Die beiden könnten zusammen einen Ausflug machen. Sie besteigt einen Aussichtsturm; er bleibt unten, wegen seiner Höhenangst. Sie könnte jedoch vortäuschen, sich dort oben den Knöchel verstaucht zu haben und nicht mehr laufen zu können. Nun braucht sie Hilfe. Entweder ihr Mann muss rauf zu ihr und sie retten – dann kommt er um vor Angst. Oder er muss unten bleiben und erst „Hilfe holen" – dann steht er als Versager da, und nichts wird je wieder sein wie zuvor.
Das Wort, das du im Duden findest, soll nicht Verpflichtung sein, sondern Wegweiser. Du musst dich erst vom starren, linearen Denken trennen, um richtig damit umgehen zu können. Hast du diese Hürde genommen, steht dir buchstäblich *die ganze Welt* offen. Du hast die Chance, dich eines unendli-

5 Wer mehr über Vera Birkenbihls Methoden wissen will, dem empfehle ich ihre zahlreichen Vorträge auf DVD sowie das Buch „ABC kreativ" (siehe Literaturverzeichnis).

chen Universums an Wörtern und Ideen zu bedienen. Und sollte es einmal vorkommen, dass ein Wort nicht „funktioniert“, schnapp dir ein zweites[6] und sieh zu, wo Wort 1 und Wort 2 dich in ihrer *Kombination* hinführen. Viel Spaß auf deiner Reise in die Unendlichkeit.

Übungen

1. Leidest du an einer chronischen oder akuten Krankheit? Schreibe die Buchstaben des Krankheitsbegriffs senkrecht untereinander auf ein Blatt Papier und finde assoziative Begriffe, die sich eventuell als Lösungs- oder Heilungsansatz entpuppen könnten.
2. Erstelle dir einen gewissen Vorrat an ABC-Listen nach der Birkenbihl-Methode und versuche, einen Monat lang in den verschiedensten Bereichen deines Lebens damit zu arbeiten. Es könnte der bunteste und kreativste Monat deines Lebens werden.
3. Hattest du schon einmal Gesprächsnot? Das heißt: Warst du mit jemandem zusammen, und dir fiel kein Thema ein, worüber ihr euch unterhalten konntet? Versuche es beim nächsten Mal mit der Wörterbuch-Methode.

6 Das sollte aber echt nur selten der Fall sein. Denk daran: *Jedes* Wort führt irgendwohin.

Wie man seinen „roten Faden“ im Leben findet[7]

Nach Lektüre dieses Kapitels wird man mich fragen, ob ich an Astrologie glaube. Antwort: Ich glaube an gar nichts. Glauben heißt, Dinge kritiklos zu übernehmen, auf eigene Erfahrungen zu verzichten und sich einer Lehranschauung blind zu beugen. Was nun die Astrologie anbelangt, so ist es so, dass ich mich gelegentlich auf sie *einlasse*, um herauszubekommen, was sie für mich leisten kann. Das hat mit Glauben nichts zu tun, und so sollte jeder mit jedem Denksystem dieser Welt verfahren.
Es geht in diesem Kapitel um sogenannte *Prinzipienketten.* Der Astrologe Nicolaus Klein und der Arzt Dr. Rüdiger Dahlke haben darüber 1986 ein Buch geschrieben – *Das senkrechte Weltbild* – nach wie vor erhältlich und noch immer lesenswert. Das Buch besteht weitgehend aus Tabellen, in denen unterschiedliche Alltagsphänomene (Pflanzen, Tiere, Speisen, Berufe, Verhaltensmuster usw.) ihrem astrologischen Prinzip zugeordnet werden.

★ **Beispiel:** Unter den Hunden entspricht der Dackel dem Stier-Prinzip. Wer sich also einen Dackel hält, verwirklicht auf diese Weise einen Teil des von seinem Geburtsbild eingeforderten Stier-Anteils (jeder Mensch hat alle 12 Tierkreiszeichen im Horoskop und muss *jedes* davon auf spezifische Weise in seinem Leben in Realität umsetzen). Der Dackel reicht sicher nicht aus, um den gesamten Stier auszuleben, aber er trägt dazu bei. Er verrät auch, welchen Teil meiner Persönlichkeit ich über den Hund vermittle: Biederkeit, Bodenständigkeit, das Prinzip des Verwurzeltseins (alles dem Stier zugeordnete Attribute).
Daraus lässt sich folgern: Ein Punk wird sich kaum einen Dackel halten. Denn der Punk wünscht keine Stier-Atmosphäre zu verbreiten. Würde ein Punk mit einem Dackel auftauchen, so wäre der Hund höchstens der verzweifelte Versuch, das ansonsten brachliegende Stier-Prinzip irgendwie versteckt ins Leben einzubringen – es wäre ein verzweifelter Schrei nach Stier.
Man kann nun folgendes tun: Man nimmt die Hunderasse, die man selbst besitzt, zum Ausgangspunkt, erkundet, welchem astrologischen Prinzip sie zugehört und versucht zu ermitteln, was man durch das Halten des Hundes in die Realität „erschafft“.

---

7 Dieses Kapitel kann nur verstehen, wer sich ein bisschen mit Astrologie auskennt. Wer nach guter astrologischer Literatur sucht, sollte um die trivialen, bei großen Publikumsverlagen erschienenen „Do it yourself“-Werke einen Bogen machen und sich an Namen wie Hermann Meyer, Martina Döhring und Christopher Weidner orientieren.

★ **Beispiel:** Ich habe einen Dobermann. Der entspricht gemäß astrologischer Tradition dem Skorpion. Der Skorpion umfasst u. a. die dunklen Seiten des menschlichen Wesens, das Mysteriöse, Angsteinflößende, oft auch Abgründige. Dahinter steht als Planet der Pluto, in der Astrologie u. a. dem „Reich der Finsternis“ zugeordnet.
Mein Bekenntnis zum Satanismus als Religion scheint also der gleichen astrologischen Wurzel zu entspringen wie mein Hund (wovon er nichts weiß und was ihn auch kaum interessieren würde). Mein Horoskop liefert die Erklärung: Der Pluto steht im ersten Haus (das die Person mit ihren Hauptanlagen kennzeichnet) und ist der Herrscher von Haus Vier, das die seelischen Wurzeln, den Wesenskern verkörpert. Im Klartext: Meine schwarze Seele wird u. a. sichtbar im Sinnbild des Dobermanns.
Ähnlich lassen auch andere Alltagsphänomene sich deuten. Hat man z. B. eine Pluto-Auslösung im Horoskop (d. h. man durchläuft eine Zeit, in der das Pluto-Prinzip nach Verwirklichung drängt), kann sich das in den verschiedensten Lebensbereichen zeigen. Da der Pluto in unserer Streichelgesellschaft ein recht unpopulärer Planet ist, neigt die Mehrheit der Betroffenen dazu, seine Energien einfach zu verdrängen. Dies jedoch (Rache ist süß) äußert sich dann in einer forcierten Konfrontation mit ungewollten, scheinbar zufällig von außerhalb ins Leben tretenden Pluto-Phänomenen – nicht selten in ihrer *pervertierten* Form.

★ **Beispiel:** Für Pluto gilt, dass er uns mit dem Verdrängten, Dunklen konfrontiert, mit den Dingen also, die wir für gewöhnlich in unser Unterbewusstsein verbannen. Aus Satanischer Sicht das Reich des Leviathan. Je weniger wir uns diesem Reich öffnen, umso gewaltsamer verschafft es sich in unserem Leben von selbst Raum. So widerfuhr es einem meiner Bekannten, den man guten Gewissens als „Oberverdränger“ bezeichnen könnte, dass er während des Pilzesuchens im Wald versehentlich in ein eitergetränktes Taschentuch griff, das an einem Ast im Gestrüpp hing. Und weit und breit keine Wasserquelle, wo er sich die Hände hätte waschen können. Ekliger geht's nicht.
Eine andere Person, die mit dem Wagen auf der Autobahn fuhr, musste miterleben, wie eine Schwalbe sich an ihrer Windschutzscheibe den Schädel brach und mit dem Gehirn am Glas haften blieb. Drei Kilometer lang – bis zum nächsten Rastplatz – blieb der Fahrerin nichts übrig, als den Anblick des zermalmten, im Tod noch flatternden Vogels vor ihren Augen zu ertragen.
Aus solchen Erfahrungen lässt sich natürlich nur lernen, wenn man *weiß*, dass die betreffenden Ereignisse Pluto-Charakter haben. Erst dann erkennt man den Zusammenhang, der zwischen einem Tiger und dem Boxsport besteht (sie sind beide dem Widder-Prinzip zugeordnet) und versteht, warum der Kampf-

name „Tiger“ des einstigen Boxweltmeisters Darius Michalczewski Sinn ergab, und weshalb Boxer mit dem Kampfnamen „Biber“ eher selten sind.
Auch was Drachenfliegen und Sekt miteinander zu tun haben, eröffnet sich uns erst, wenn wir sie zielsicher dem Wassermann-Prinzip zuzuordnen wissen. Bleibt die Frage: Welchen Nutzen haben wir davon?
Die praktische Anwendbarkeit von Symbolketten ist unerschöpflich. Mal was Simples: Angenommen, ich will meine Visitenkarte mit einem „Wappentier“ schmücken, das zu mir passt. Viele Menschen haben ein verschobenes Selbstbild und würden vielleicht ein Tier wählen, mit dem sie sich lediglich in ihrem Wunschdenken identifizieren: Die Gazelle auf der Karte eines Drei-Zentner-Kolosses wäre dann womöglich keine Seltenheit, aber nur in satirischer Hinsicht vertretbar.
Ich könnte z. B. von dem in meinem Horoskop dominanten Tierkreiszeichen ausgehen (das muss nicht unbedingt das weithin bekannte „Sonnenzeichen“ sein; wer z. B. „Stier“ ist und den Aszendenten sowie zwei weitere Planeten in der Jungfrau hat, ist viel mehr Jungfrau als Stier). Die Krebs-Persönlichkeit kann somit nichts falsch machen, wenn ein Seestern ihren Briefbogen ziert; zur Waage, wenn sie denn wirklich eine ist, passt der Collie; und der Schütze findet – wie Klein und Dahlke sehr richtig erkennen – sein Gegenstück recht häufig bei „gutmütigen wuchtigen Tieren“, etwa dem Bernhardiner oder dem Elefanten.
Nur eins von tausend Beispielen, wie sich Analogieketten im Alltag anwenden lassen. Wichtiger noch ist das Erkennen von „Mustern“ im Leben: Tauchen vermehrt Phänomene auf, die dem gleichen Prinzip zuzuordnen sind, dann lohnt es sich, dieses Prinzip mit Bezug auf das eigene Dasein näher zu untersuchen.

★ **Beispiel:** Du stichst dich an einem Kaktus. Du hast plötzlich ein Faible für Kriegsfilme. Du bekommst Fieber. Jemand schenkt dir einen Rubinring. Dein Arzt attestiert dir Eisenmangel und verschreibt dir ein entsprechendes Präparat. Du gerätst in eine Schlägerei. – Alles Zeichen dafür, dass in deinem Leben der Mars auf sein Recht pocht. Zeit für dich, das Mars-Prinzip näher kennen zu lernen und es auf *aktive* Weise zu verwirklichen, z. B. durch eine Kampfsportart oder das Schreiben eines Krimis.
Auch die Personen deines engeren Umfelds solltest du unter die Lupe nehmen: Meist lässt sich eine Häufung von Freunden und Bekannten des gleichen Prinzips beobachten. Dann handelt es sich um genau das Prinzip, das du nicht ausreichend lebst, sondern dir über die anderen „hereinholst“.
Liegen Prinzipien im Tierkreis zu dicht beieinander, kommt es vor, dass sie sich bekämpfen. Jedes will dann den anderen „wegbeißen“ und der alleinige

Vertreter des betreffenden „Reiches“ sein. Vor allem in Familienverbänden zeigt sich das. Zwei Geschwister mit dem gleichen Tierkreiszeichen, namentlich wenn sie am gleichen oder innerhalb weniger Tage Geburtstag haben, werden oftmals Rivalen sein. Der Idealfall wäre ein Ehepaar mit vier Kindern, bei dem jedes Familienmitglied einen anderen Aszendenten und ein anderes Sonnenzeichen (bzw. Planetenhäufungen in bestimmten Zeichen) hat. Auch in einer solchen Familie käme es natürlich zu Reibereien; richtige Machtkämpfe jedoch wären unwahrscheinlich.

Manchmal verschwindet ein bestimmtes Prinzip aus unserem Leben, um in anderer Form wiederzukehren. Das Neugeborene kann die Lücke füllen, die die verstorbene Großtante hinterlassen hat; und der Auszug des gewalttätigen Bruders kann das Kennenlernen eines nicht minder gewalttätigen Liebhabers zur Folge haben. „Probleme“ verschwinden erst aus unserem Leben, wenn wir sie gelöst haben. Wir können sie nicht allopathisch bekämpfen.

So fällt z. B. auf, dass Frauen, die von ihrem Ehemann geschlagen wurden, nach der Scheidung oft wieder jemanden kennen lernen, dem die Hand nur allzu locker sitzt. Meist haben solche Frauen Probleme mit der aktiven Verwirklichung ihres Mars-Prinzips. Sie sind dazu verurteilt, diese Energien in der Leidensform zu erleben; und daran wird sich nichts ändern, bis sie gelernt haben, den Mars aktiv in ihr Leben zu integrieren.

Zu viel Astrologie? Im Grunde habe ich nur ganz logische Gesetze des Lebens erläutert – allerdings unter Verwendung astrologischer Termini. Hätte ich darauf verzichtet, wäre es sehr umständlich gewesen, sämtliche Attribute, die als „marsisch“, „skorpionisch“ etc. gelten, fortwährend aufzählen zu müssen. Seriöse Astrologie hat nichts mit „Sterndeutung“ zu tun – sie ist einfach das Verständnis der Urprinzipien des Lebens.

Sollten Worte wie „Astrologie“, „Urprinzipien“ und „Symbolik“ dich jedoch grundsätzlich abstoßen, lohnt es sich für dich, dein Zwillings-Prinzip in Augenschein zu nehmen. Es könnte, ohne dass du es bemerkt hast, hypertrophiert sein.

Übungen

1. Betrachte Gegenstände deines täglichen Lebens, z. B. dein Auto, deine Wohnungseinrichtung, bevorzugte Aufenthaltsorte, Kleidung etc. Welche astrologischen Prinzipien herrschen vor? Worin könnte das begründet sein? Gibt es auch Prinzipien, die du in deinem Leben bewusst meidest? Kann es sein, dass dahinter Verdrängungsprozesse stecken?

2. Erstelle eine Liste der Menschen, mit denen du am häufigsten zu tun hast, und stelle fest, welche astrologischen Prinzipien sie (z. B. über ihr Sonnenzeichen, ihren Aszendenten usw.) verkörpern. Gibt es dominante bzw. fehlende Prinzipien? Falls ja, was könnte die Ursache sein? Untersuche auch die Prinzipienhäufigkeit in deiner Familie und überprüfe, ob die in diesem Kapitel beschriebenen Gegebenheiten zutreffen.

3. Aggressiven Menschen wird häufig geraten, irgendeinen Sport zu treiben, da beide Phänomene – Aggression und sportliche Betätigung – Ausdrucksformen des Marsischen sind. Lebt man also seinen Mars in Form einer friedlichen Sportart aus, so sinkt die Wahrscheinlichkeit, dass man ihn destruktiv als Angriffslust in die Welt der Erscheinungen bringt. Dies gilt insbesondere für Personen, deren Mars im Geburtsbild einen dominanten Platz einnimmt. Wenn du Lust hast, besorg dir ein Horoskop von dir (du bekommst es gratis auf zahlreichen Internetseiten), kauf dir ein Astrologie-Buch und prüfe, wie du nicht nur deinen Mars, sondern auch die anderen Planeten deines Horoskops auf für dich nützliche und für andere möglichst unschädliche Weise ausleben kannst.

Wie man Stimmungstiefs beseitigt

Stell dir vor, du hast miese Laune. Hinter dir liegt ein Tag, an dem alles schief ging, und eigentlich hast du nur noch einen Wunsch: dich ins Bett zu verkriechen. Noch aber sitzt du im Büro, und nun geschieht Folgendes: Es klopft an die Tür, ein Mitarbeiter aus einer anderen Abteilung kommt herein, mit Blendax-Grinsen, fröhlicher Gestik, tausend Scherze auf den Lippen, über die er selbst am meisten lacht, und versucht, mit dir zu kommunizieren.
Ist diese Person in der Lage, deine Stimmung zu heben?
Mit Sicherheit nicht.
Dummerweise vergessen wir im Umgang mit anderen diese Tatsache oft. Hat unser Partner seinen „Schwarzen Tag", versuchen wir ihn aufzumuntern, indem wir ihm von den schönen Seiten dieser Welt erzählen. Sind wir selbst schlecht drauf, erliegen wir der Illusion, heitere und beschwingte Musik könne helfen.
Wenn wir ein weinendes Kind trösten wollen, indem wir uns betont witzig geben, machen wir es höchstens wütend. Und eine „geladene" Person, die kurz davor steht, tätlich zu werden, können wir mit heiterer Gelassenheit nicht in den Griff bekommen. Der Fehler liegt auf der Hand: Negative Stimmungen lassen sich nicht durch positive Stimmungen heilen, da beide zu weit voneinander entfernt sind. Das Geheimnis liegt darin, immer nur *eine Spur* positiver zu sein als das zu kurierende Gegenüber, und erst, wenn dieser Funke übergesprungen ist, auf der Stimmungsskala den nächsten, wiederum sehr kleinen Schritt nach oben zu gehen.

★ **Beispiel:** Du hast dich mit deinem Partner so richtig gefetzt – er ist untröstlich, und es tut dir leid. Um an ihn „heranzukommen", ist es am besten, ebenfalls untröstlich zu sein, nur eine Spur weniger als er. Jeder versteht nur die Sprache der Emotion, die er gerade durchlebt – sowie einige verwandte Dialekte.
Einen Streit beendet man demzufolge nicht, indem man auf das Gebrüll des anderen mit stoischer Gelassenheit reagiert, sondern indem man „etwas" weniger emotional und „etwas" leiser ist als der andere. Er wird schon bald reagieren. Von diesem Moment hast *du* das Ruder des Gesprächs in der Hand, kannst ihn „führen" und ein allmähliches Slow-down bewirken.[8]

---

[8] Die Methode darf nicht verwechselt werden mit einer Technik, die ich in „Satans Handbuch" beschreibe: Wenn dir nicht daran gelegen hast, den anderen von seiner Wut zu befreien, kannst du natürlich auch ruhig und gelassen reagieren; er wird dann immer wütender, und da er seinen Zorn bei dir nicht ableiten kann, ist die Wahrscheinlichkeit groß, dass er sich irgendwie selbst verletzt, z. B. in die Hand schneidet oder sich das Knie anstößt etc.

Eine kaum sichtbare Lachfalte während einer Diskussion, oder ein „Lächeln in der Stimme“ – das sind Wundertropfen, die sofort wirken. Und das Geniale ist: Der andere merkt nicht einmal, wie er geführt und manipuliert wird. Für ihn nimmt das Gespräch einen völlig normalen Verlauf, und am Ende schreibt er es vielleicht sich selbst zu, dass die Sache ein „Happy End“ gefunden hat. Lass ihm seine Illusion und bewahre unsere Technik als Geheimnis im Herzen.

Vor allem: Vergiss nicht, dass die Methode ebenso zuverlässig auch umgekehrt funktioniert. So wie du jemanden Stück für Stück „heben“ kannst, kannst du ihn natürlich auch herunterziehen. Vielleicht hast du ja einmal Lust, einen Feind von seinem Überschwang zu erlösen (*grins*).

Wenn ich traurig oder melancholisch bin, weil das Leben, diese Schlampe, mir ans Knie gepisst hat, steige ich ins Auto, fahre über Land und lege meine „magische CD“ ein, natürlich selbstgebrannt. Sie enthält ungefähr fünfzehn Songs. Der erste ist schwarz und bitter, der zweite schwarz und herb, der dritte nur noch dunkelgrau und edelherb, usw. Der letzte Song ist happy und sweet. Bin ich bei ihm angekommen, bin ich meist ebenso sweet. Und mein Knie, an welches das Leben, dieser Mauseschatz, mir gepisst hat, längst getrocknet.

Fragt nicht nach den Songs auf meiner Kassette – die sind ein Geheimnis zwischen mir und dem Dunklen Prinzen. Nur den zweiten möchte ich preisgeben – es ist der melancholische Sinatra-Song „Send in the Clowns“, der auf den verheißungsvollen Satz endet:

Maybe next year ...

Übungen

1. Such dir eine Person, die miese Laune hat, und hebe mit der in diesem Kapitel beschriebenen Technik ihre Stimmung.
2. Versuche nun dasselbe mit einem wütenden Menschen.
3. Stelle dir eine Musik-CD zusammen, wie ich sie oben beschrieben habe, und verwende sie künftig als deine Zauberscheibe.

Wie man chronische Krankheiten besiegt

Es gebe Magen-Darm-Typen und Herz-Typen, las ich kürzlich in der Apotheker-Illustrierten. Erstere würden Probleme vor allem über den Verdauungstrakt somatisieren, Zweitere über ihre rastlose Körperpumpe. Ich glaube, das ist zu einfach interpretiert. Richtig ist meiner Meinung nach vielmehr, dass Magen-Darm-Typen und Herz-Typen völlig *andere* Probleme haben.

Unsere Lieblingskrankheiten kehren immer wieder, weil unsere Lieblingsprobleme immer wiederkehren. Und das werden sie so lange tun, bis wir sie begriffen und unter Kontrolle gebracht haben. So lässt sich ganz simpel behaupten: Je öfter jemand krank ist, umso lernunfähiger ist er. Krankheiten sind lediglich das Spiegelbild psychischer Probleme. Das ist keine neue Erkenntnis, und sie stammt auch nicht von mir. Sie ist gewissermaßen Volksgut. Das Problem ist: Sobald jemand krank ist, scheint er sie sofort zu vergessen.

Krankheiten können ziemlich konstruktiv sein, wenn wir uns von ihnen leiten lassen, über ganz bestimmte Bereiche unseres Lebens nachzudenken und dort nach Lösungen zu suchen. In einer Ära, wo Zeit im wahrsten Sinne des Wortes Geld ist, fällt das schwer. Viele Leute schleppen sich lieber mit 39 Grad Fieber ins Büro, anstatt im warmen Bett darüber nachzudenken, was das Fieber ihnen sagen will. Und tausend Bücher über Vorbeugung sind auf dem Markt, die allesamt für die Katz sind. Man bekommt keinen Lungenkrebs, *weil* man raucht. Es sind schon Millionen von Rauchern an Altersschwäche gestorben, und Millionen von Nichtrauchern mit einer vom Krebs zerfressenen Lunge.

Was nun die Statistiken anbelangt, die einen deutlichen Zusammenhang zwischen Rauchen und Krebs belegen wollen, so lassen sich darauf zwei Antworten geben:

- Für jede existierende Statistik gibt es mindestens eine Statistik, die das Gegenteil besagt. Statistiken dienen mehrheitlich dazu, ideologische Vorstellungen zu untermauern, und nicht selten werden sie von Interessengruppen in Auftrag gegeben, die ebenjene Ideologien verbreiten wollen.[9] Für eine Beweisführung eignen sie sich nicht.

---

[9] So ist z. B. statistisch nachweisbar, dass Schwarze im Schnitt einen niedrigeren IQ haben als Weiße. Da dies jedoch der „Ideologie der Gleichheit aller“ widerspricht, gibt es eine weitere Statistik, die jenes Intelligenzgefälle durch das auf sozialen Ursachen basierende geringere Bildungsniveau schwarzer Personen zurückführen will. Dem gegenüber steht eine Statistik, die besagt, dass Intelligenz angeboren ist und sich durch Bildung nicht verbessern lässt, usw. – Kein Zweifel, Statistiken sind vor allem dazu da, in den Mülleimer getreten und vergessen zu werden.

- Mit Krebs ist es wie mit „Erkältungen“: Vom Zustand des Körpers und der Psyche hängt es ab, ob man daran erkrankt oder nicht.[10] Es gibt eine sogenannte Krebs-Persönlichkeit, häufig Menschen, die es nicht wagen, aus einem Verband auszubrechen, der ihnen im Grunde unangemessen ist. Es kann sich dabei um einen Familienverband handeln, eine Firma, einen Verein, eine Beziehung, die Gesellschaft als solche. Die krebsgefährdete Person macht lieber „gute Miene zu bösem Spiel“ und verzichtet darauf, sich ihre individuelle Freiheit zu erkämpfen. Was sie unterlässt, erledigen indes stellvertretend einige ihrer Körperzellen: Sie brechen aus, fallen aus dem Gefüge, machen „Revolution“. Es ist durchaus nachvollziehbar, dass solche Dulde-Persönlichkeiten unter verborgener Nervosität leiden und sich deshalb ein Ventil schaffen – z. B. den Konsum von Tabak.

In seinem Essay „Ein Heilmittel gegen Melancholie“[11] fragt Anton LaVey völlig zu Recht: „Was fordert einen höheren Tribut – die Angst vor Konservierungsstoffen, mit Chemikalien vollgepumpten Hühnern und quecksilberverseuchtem Fisch – oder die Speisen selbst?“ Und setzt in seinem Aufsatz über die „Gutmenschenplakette“[12] noch eins drauf, indem er sinniert: „Müssen wir davon ausgehen, dass der Mensch der einzige lebende Organismus ist, dem es nicht gelingt, sich seinem Lebensraum anzupassen? Wenn Wanzen inzwischen tatsächlich unter den Pestiziden aufblühen, mit denen sie einst vernichtet wurden, wird dann nicht auch der menschliche Körper Schadstoffe, chemische Konservierungsmittel usw. als weiteren Entwicklungsschritt in seiner 'natürlichen' Evolution akzeptieren? Warum sieht man die Menschen, die am kränksten aussehen, meist aus Bioläden kommen? Hindert etwa ihre streng diätetische Lebensführung sie daran, sich gegen die 'giftigen' Speisen zu immunisieren, die sie gelegentlich zu sich nehmen?“

---

[10] Die verbreitete Ansicht, „Erkältungen“ seien auf kühle Temperaturen zurückzuführen, denen der Patient ausgesetzt war, ist völlig abstrus. Sogenannte Erkältungskrankheiten sind allesamt die Folge von Bazillen- oder Virusinfektionen. Im Laufe eines Tages nehmen wir die verschiedensten Krankheitserreger in unseren Organismus auf – da wir jedoch meist „stabil“ sind, bekämpft unsere natürliche Abwehr die Eindringlinge, und das betreffende Krankheitssyndrom bleibt aus. Erst wenn wir geschwächt sind, deprimiert, ausgehungert, entkräftet, entnervt oder aus sonstigen Ursachen vorübergehend nur „mit halber Kraft“ laufen, haben die Erreger eine Chance, sich tatsächlich in unseren Körper einzunisten. Wir bekommen eine „Erkältung“. Natürlich zählt auch heftiges Frieren zu den körperlichen Beeinträchtigungen, die einem grippalen Infekt vorausgehen können. Es ist jedoch nur einer von vielen möglichen Auslösern, zu denen beispielsweise auch unerwiderte Liebe gehört. Insofern könnte man eine „Erkältung“ mit der gleichen Berechtigung auch als „Liebeskrankheit“ bezeichnen.

[11] LaVey, Die Satanischen Essays, Berlin 2001, S. 17ff.

[12] Dto, Seite 27.

Anders ausgedrückt: Gesundes Leben hat nichts zu tun mit Rauchverbot, fettarmer Kost, Keimfreiheit oder sportlicher Betätigung. Wessen Körper sportliche Betätigung braucht, der wird es aus erster Hand erfahren, nämlich von eben jenem Körper, der ihm in diesem Falle Lust darauf macht. Wer keine Lust auf Sport hat, braucht sich auch nicht dazu zu zwingen. Das gleiche gilt für unsere Ernährung: Haben wir Appetit auf süße Sahnetorte, dann braucht unser Körper vermutlich genau das, was in dieser Sahnetorte steckt. Mit einer Mohrrübe oder einem Knäckebrot als Ersatz würden wir lediglich eingestehen, dass wir nicht mehr in der Lage sind, mit unserem Körper zu kommunizieren. Ernährungspläne, Vorschriften für eine gesunde Lebensführung, Rauchverbote, Fitnessprogramme stammen ausnahmslos von Leuten, die vergessen, dass wir sowohl in körperlicher als auch psychisch-geistiger Hinsicht Individuen sind, und was für den einen gut ist, kann den anderen zerstören. Sozialismus ist in Sachen Gesundheit ebenso destruktiv wie auf gesellschaftlicher Ebene.
Diagnostizieren wir also eine Krankheit bei uns, so ist das kein Grund, darüber zu jammern, warum man sein bisheriges Leben nicht doch eine Prise asketischer gestaltet hat – sondern vielmehr uns die Frage zu stellen: Was ist *in* uns im Ungleichgewicht? Vielleicht haben wir ja ZU asketisch gelebt, und unser Leiden ist die Folge einer jahrelangen, fleißig genährten Freudlosigkeit? Auf irgendeiner Ebene jedenfalls haben wir nicht *uns* gelebt, sondern etwas anderes. Wo sind wir unvollständig?
Es gibt gute Bücher, in denen die verschiedenen Körperorgane samt ihrer Erkrankungen psychischen Beeinträchtigungen zugeordnet werden, und die sich als Wegweiser hervorragend eignen. Eins davon ist Thorwald Dethlefsens und Nicolaus Kleins „Krankheit als Weg" (samt seinen Folgebänden); die darin enthaltenen Zuordnungen entsprechen größtenteils der Tradition. Wissen wir über diese Entsprechungen Bescheid, halten wir einen wertvollen Schlüssel zum Verständnis unserer Krankheiten und deren Heilung (im wahrsten Sinne des Wortes) in Händen.

★ **Beispiel:** Der Darm ist es, der den im Magen verdauten Speisebrei weiter verarbeitet und ihm die Nährstoffe entzieht, die der Körper braucht. Darmprobleme sind somit stets Verarbeitungsprobleme. Was können wir schwer verarbeiten (Verstopfung, Darmträgheit)? Was verarbeiten wir unordentlich und schlampig (Durchfall)?

★ **Beispiel:** Der Halsbereich entspricht laut Tradition dem Stier-Prinzip, dem zweiten Horoskophaus, das für Besitz und Eigenraum steht. Was bedeutet Eigenraum? Eigenraum bedeutet z. B., dass ein Kind in der Wohnung der Eltern ein eigenes Zimmer, ein eigenes „Reich" benötigt, in dem es tun und

lassen kann, was es will, für das es aber auch Verantwortung tragen muss. Hat ein Kind das nicht, entsteht ein psychisches Problem – wie in einem mir bekannten Fall, wo der Junge zwar ein Zimmer hatte, das aber nur durch einen Vorhang vom Schlafzimmer seiner Eltern getrennt war.
In Grundschuljahren ging das noch einigermaßen gut – dann kam die Pubertät: Eine Zeit, in der Jugendliche nachts charakteristische Geräusche von sich geben, ganz bestimmte Musik hören wollen, mit der ersten Freundin oder dem ersten Freund telefonieren und gelegentlich auch kuscheln möchten. Was geschah? Der betreffende Junge litt fortwährend an Mandelentzündungen. Schließlich nahm man ihm die Mandeln heraus; die eigentliche Operation jedoch hätte zu Hause stattfinden müssen, wo der arme Kerl über seine Hals-Nacken-Region nach einem eigenen Revier förmlich lechzte.
Nachfolgend eine (grobe) Tabelle mit den wichtigsten Körperorganen, dem jeweils dazugehörigen Prinzip auf der Bewusstseinsebene sowie – für alle, die es interessiert – dem entsprechenden astrologischen Zeichen.

Körperorgan	Entsprechung	Astrologisches Prinzip
Kopf	Durchsetzung, Aggression	Widder
Hals- und Nackenregion	Abgrenzung, Besitz	Stier
Atemorgane, Arme	Kommunikation	Zwillinge
Magen	Gefühlsebene, Emotionen	Krebs
Herz	Ich-Gefühl, Selbstbewusstsein	Löwe
Verdauungsorgane (Darmtrakt)	Verarbeitung von Erlebnissen, Anpassung an Umweltbedingungen	Jungfrau
Nieren, Haut	Partnerschaft, das Du	Waage
Geschlechtsorgane	Fixierungen, das Dunkle, Verleugnete, „Satan“	Skorpion
Leber, Oberschenkel	Sinnfindung, Philosophie, Religion	Schütze
Knochengerüst	Diszipliniertheit, Ordnung	Steinbock
Nervensystem, Unterschenkel	Freiheit, Emanzipation, Unabhängigkeit	Wassermann
Füße	das Unbewusste, Jenseitige, Rauschzustände	Fische

Akut auftretende Krankheiten lassen sich oft mit einem Ereignis aus jüngster Vergangenheit in Verbindung bringen; es lohnt sich, die dem Krankheitsausbruch vorangegangenen Tage auf solche Geschehnisse hin zu untersuchen.

★ **Beispiel:** Jemand rennt nach einem Streit mit dem Partner wutentbrannt davon; nachher fällt ihm ein, was er „alles noch hätte sagen können“, aber nicht gesagt hat. Zwei Tage später erkrankt er an einem Panaritium (Fingerumlauf), einer Entzündung des Nagelbetts. Die Finger (dem Zwillings-Prinzip zugeordnet, also dem ganzen Bereich des Redens und Kommunizierens) somatisieren die unausgesprochenen Wutworte also in Form einer Entzündung.
Untersucht man bestimmte Zeitabschnitte der eigenen Vergangenheit, so fällt auf, dass man zu bestimmten Zeiten für bestimmte Krankheiten anfälliger war als gewöhnlich. Im Nachhinein ist es natürlich nicht leicht, die damaligen psychischen oder zwischenmenschlichen Schwierigkeiten zu rekonstruieren und den jeweiligen Krankheitsbildern zuzuordnen; das Führen eines Tagebuchs ist insofern keine schlechte Idee.
Selbst Unfälle, das Erleiden von Gewalt oder Operationen lassen sich unter diesem Blickwinkel interpretieren. Menschen, die ihr Leben rundum im Griff haben und ihre Probleme lösen anstatt sie zu verdrängen, brauchen vor solchen Dingen keine Angst zu haben. Wer jedoch Aggressionen unterdrückt, anstatt sie auszuleben, wird mit diesem Thema in der Leidensform konfrontiert werden. Ein entscheidender Faktor dabei ist das eigene Aggressions*potential*. Es gibt verhältnismäßig sanfte Menschen, bei denen ein weitgehender Verzicht auf Aggressionen kein großes Problem darstellt. Wer aber z. B. einen „starken“ Mars hat, erweist durch die friedfertige Unterdrückung von Aggressionen seinem System einen Bärendienst.
Wichtig ist immer die Frage nach dem Persönlichkeitstypus. Wenn wir Gruppenzwängen folgen, uns an Moden orientieren oder Trends verfallen, opfern wir so gut wie immer ein Stück unserer Individualität.

★ **Beispiel:** Jemand kann den „inneren Drang“ haben, sein Leben der Philosophie, der Betrachtung oder der Suche nach dem Wesentlichen zu widmen. Dieser Drang jedoch wird unterdrückt von den Appellen der Außenwelt, gesellschaftlich „in“ zu bleiben, an Gruppenaktivitäten teilzunehmen, das ganze Fun-Spektrum wahrzunehmen. Es ist klar, dass es hier zu einer falschen Lebens-Form kommt, die dem gefragten Lebens-Inhalt nicht entspricht. Da Form und Inhalt aber eine Einheit bilden müssen, ist eine Korrektur notwendig. Das Unbewusste des Betreffenden kann dafür sorgen, dass er einen Unfall erleidet oder an einem chronischen Leiden erkrankt, das jene „falschen“ Aktivitäten nicht mehr ermöglicht.
In der „Matratzengruft“ bleibt dann genug Zeit für Betrachtung, Philosophie und die Suche nach dem Wesentlichen.

Übungen

1. Um der Symptomatik des Halses weiter auf die Schliche zu kommen, beschäftige dich mit folgenden Redewendungen: „Da krieg ich soo'n Hals." „Jetzt hat man mir das auch noch aufgehalst." „Ich hab meine Schwester jetzt zwei Wochen auf dem Hals." „Er ist ein richtiger Halsabschneider."

2. Partnerschaften (im Sinne einer harmonischen Ergänzung) entsprechen dem Waage-Prinzip, das u. a. den Nieren zugeordnet ist. Bedenkt man nun, dass das Herz der Kreativität, dem Spielen, dem unbeschwerten Teil des Lebens entspricht, müsste dir eigentlich so einiges zu der Redewendung „jemanden auf Herz und Nieren prüfen" einfallen. Was würde es hingegen bedeuten, etwas „auf *Hals* und Nieren" zu prüfen? (Ein Lapsus, den ich schon oft zu hören bekam, und der mit Sicherheit verriet, worum es dem anderen *wirklich* ging.)

3. Suche für alle 12 Prinzipien typische Redewendungen, die mit Körperorganen zu tun haben, und deute sie.

Wie man leichte Beschwerden in einer Nacht heilen kann

In diesem Kapitel geht es um die Macht der Fantasie.
Wenn wir Fantasie auf ihren kleinsten Nenner reduzieren, ist sie praktisch ein Synonym für Magie. In unserem Leben ist wahr, was wir für wahr erachten. Die ignorante Diskussion um die „Wirksamkeit" von Methoden ist pure Zeitverschwendung und ist bezeichnend für den geistigen Aktionsradius von Dummköpfen. Wirksam ist, was sich im Leben als wirksam erweist, und dahinter steht in allen Fällen die Macht *deiner* Fantasie.
Eine alte Frau kann dir einen Stein schenken und dir erzählen, er habe die Macht, Wünsche zu erfüllen. Solange du nicht weißt, dass es sich um einen stinknormalen Stein vom Feld handelt, ist die Wahrscheinlichkeit groß, dass deine Wünsche in Erfüllung gehen. Solange du dir deiner magischen Fähigkeiten noch nicht so sicher bist, solltest du deshalb Debattiersüchtige aus deinem Leben fernhalten. Sie ertragen den Anblick von Wundern nicht. Sie halten den gerade aktuellen Stand der Wissenschaft für das Nonplusultra, und es fehlt ihnen die Fähigkeit, sich auf Unbekanntes „einzulassen". Lass dir von solchen Parasiten nicht die Energie rauben.
Ist die Tatsache, dass deine Magie funktioniert, bei dir zur Gewissheit geworden, können solche Leute dir ohnehin nichts mehr anhaben. Du wirst fähig sein, ihren Tiraden mit völliger Emotionslosigkeit zu begegnen. Wie würdest du, der du täglich mit deinem Auto zur Arbeit oder zum Einkaufen fährst, auf jemanden reagieren, der dir hartnäckig zu erklären versucht, dass Autos nicht fahren können, weil es technisch unmöglich sei? Na also.
Funktionierende Magie ist stets das Resultat einer von dir postulierten *Prämisse*. Zum Beispiel der Prämisse: Dieses Ritual wird mir helfen. Wenn du anfängst, darüber nachzugrübeln, *warum* das Ritual dir helfen kann, verhältst du dich anti-produktiv. In zwei Jahrhunderten werden emanzipierte Physiker mit der Lösung aufwarten. Für dich ist es unwichtig. Wenn du mit dem Mixer eine Banane pürieren willst, brauchst du nur den Knopf zu drücken. Du musst zuvor kein Fachbuch über die Funktionsweise von Mixern gelesen haben. Drück den Knopf. Und wenn jemand, der noch nie einen Mixer gesehen hat, dir erzählen will, ein solches Gerät könne es nicht geben, verweise ihn der Küche.
Du kannst in deiner Fantasie alles erschaffen, was dir vorschwebt. Und du kannst jedem dieser Bilder oder Prozesse gewisse Wirkungskräfte zuschreiben. In dem Moment, wo du es in Bezug auf dein Leben für gültig erklärst, entsteht daraus ein selbsttätiger Organismus. Solche Phänomene sind es, die Sor. Conata („Küchenmagie") und Yara („Magie im Alltag") (*Bohmeier Verlag*) in ihren Büchern skizzieren. Wenn du Schöpfer deiner Welt sein willst,

musst du auch Schöpfer des Schöpfungsprozesses sein. Benötigst du die Schöpfungsprozesse anderer, bist du nicht der alleinige Schöpfer. Das Universum ist aus einem winzigen Punkt entstanden, der sogenannten Singularität. Um in deinem Leben Dinge zu erschaffen, benötigst du keineswegs mehr.
Uns wird von Kind an beigebracht, sich an den Realitäten des allgemeinen Konsens zu orientieren. Zum Beispiel sagt man uns: Um einer anderen Person eine Information zu übermitteln, müssen wir auf die Möglichkeiten der realen Kommunikation zurückgreifen, d. h. Sprechen, Schreiben, Kommunizieren mit Hilfe von Bildern. Das ist im allgemeinen richtig, heißt aber nicht, dass es *grundsätzlich* richtig ist. Wenn wir Wirklichkeiten erschaffen wollen, ist es garantiert der falsche Weg, zur Tür hereinzuplatzen und loszuquasseln.

★ **Beispiel:** Du beabsichtigst, einen Posten in einer Firma zu bekommen. Man lädt dich zum Vorstellungsgespräch. Du willst, dass dieses Gespräch erfolgreich ist, d. h. zu deiner Einstellung führt. Ist es nun ratsam, den Personalchef nach dem Gespräch noch einmal anzurufen und ihn zu bitten, er möge dich „unbedingt berücksichtigen“? Natürlich nicht. Auf magischer Ebene kannst du auf den Prozess jedoch sehr wohl einwirken – idealerweise nicht *nach*, sondern bereits *vor* dem Gespräch.
In diesem Kapitel jedoch sollte es – und vermutlich wartest du bereits sehnsüchtig darauf – um Heilungen gehen. Um sich selbst zu heilen, muss man im Grunde nicht einmal wissen, woran man leidet. Für den Medizin-Laien sind Magenschmerzen immer Magenschmerzen, während der Arzt sie in Ordnungen unterteilt. Nehmen wir an, du hast Magenschmerzen. Du weißt nicht, ist es Übersäuerung, sind es die Schleimhäute, ist es der Zwölffingerdarm, liegt es daran, dass du etwas Falsches gegessen hast – du bist diesbezüglich völlig „blank“.
In diesem Punkt hast du dem Arzt gegenüber einen entscheidenden Vorsprung, denn du behandelst im Gegensatz zu ihm die Krankheit nicht ursächlich. Du wendest stets das gleiche Medikament an – nämlich die Macht der Fantasie.
Vorsicht an dieser Stelle. Ich will keineswegs die Botschaft vermitteln, die Macht der Fantasie könne grundsätzlich jeden Arztbesuch ersetzen. Es gibt zahlreiche Leiden, die auf nicht-medizinischem Wege nur von sehr begabten Menschen bekämpft werden können (siehe Spontanheilungen von Krebstumoren). Bei schweren chronischen Krankheiten ist das jedoch *nicht* der Normalfall. Also: Wenn irgendwelche Symptome dich länger als ca. eine Woche plagen, erinnere dich daran, welche Summen du in die Krankenversicherung einzahlst und handle entsprechend.

Hier soll es um *akute* Leiden gehen. Akut bedeutet, rasch ausbrechend, nicht allzu lange andauernd, dann wieder verschwindend. Mit Hilfe deiner Fantasie kannst du die Dauer solcher Krankheiten entscheidend verkürzen. Wie du dabei vorgehst, ist deine Sache. Ich will dir nur erzählen, wie *ich* es mache:

Ich habe die Methode als Kind entdeckt, und zwar ganz von allein. Dazu muss man wissen, dass ich mich gerne in Fantasiewelten begab und eine nahezu autistische Menschenabwehr an den Tag legte. Es gab nur wenige Personen, die ich in meinem Reich willkommen hieß. Auf diesen Spielwiesen der Fantasie lernte ich vieles von dem, was sich später als wirksame Magie erwies.

Eine jener Spielwiesen, die wichtigste vielleicht, war der Kosmos. Ich besaß ein Raumschiff, einen hochqualifizierten Stab von Astronauten, Technikern und Ingenieuren, und es gab keine Galaxis, die ich nicht schon mal besucht hatte. Sobald ich abends schlafen ging, verwandelte mein Bett sich in meine „Kabine“, und bevor ich hinübersank, war mein Himmel bunt von Spiralnebeln, blitzenden Planeten, vorbeizischenden Meteoren und geheimnisvollen fernen Sonnen.

Wenn ich krank war – an Husten litt, an Schnupfen, einem schmerzenden Knie oder einer Angina – schickte ich mein Team auf einen ganz besonderen Kurs. Der führte zu einem Planeten, Millionen Lichtjahre entfernt, auf dem die Wissenschaft der Medizin weitaus fortgeschrittener war als auf der Erde. Dort lebten Fachleute, die *jede* Krankheit in Windeseile heilen konnten. Da Überlichtgeschwindigkeiten für mein Raumschiff kein Problem waren, bereitete es mir keine Mühe, in einer einzigen Nacht dort hinzufliegen, mich behandeln zu lassen und auch wieder nach Hause zu kehren. Die Reise selbst fand während des Schlafes statt; ebenso die medizinische Behandlung. Wenn ich morgens erwachte, war ich bereits wieder auf dem blauen Planeten, und nicht selten schmerzfrei, glücklich und gesund.

Mein zweites Geheimnis – das ich im Wechsel mit dem ersten anwandte – bestand darin, dass ich (diesmal auf Erden) einen sehr fähigen Allround-Wissenschaftler kannte, der sämtliche Disziplinen der Medizin studiert hatte. Den Namen, den ich mir für ihn ausgedacht hatte, will ich nicht preisgeben; es wäre Verrat. Dieser Mann, für den Zeitreisen, Unsichtbarmachen und sonstige Phänomene der Zukunft kein Problem waren, heilte Krankheiten, indem er sich zusammen mit seinem jungen Assistenten und weiteren Teammitgliedern auf jede beliebige mikroskopisch kleine Größe schrumpfen und somit in jedes Körperorgan vordringen konnte. Das war die zweite Art der magischen Heilung: Die „kleinen Experten“. Während ich schlief, verrichteten sie eifrig ihre Aufgabe; wenn ich manchmal für Sekunden erwachte, stellte ich mir vor, wie sie in mir „auf Achse“ waren, und wenn ich am Morgen aufwachte, hatten sie ihr Werk meist vollbracht. Verspürte ich noch immer Beschwerden, drehte ich

mich einfach auf die andere Seite und schlief noch ein wenig. Gelegentlich musste ich sie auch während des Tages eine Zeit lang weitergewähren lassen. Irgendwann jedoch kam stets der Zeitpunkt, da ich meines Leidens ledig geworden war.
Falls dich zurzeit ein akutes körperliches Leiden plagt, mache ich dir einen Vorschlag: Erlebe *heute Nacht* eine Heilung. Du kannst gern auf meine Methode zurückgreifen; aber vielleicht fällt dir auch eine eigene ein, die auf *deine* Person und *deine* Bedürfnisse zugeschnitten ist. Vielleicht ziehst du dem Weltraum die Tiefsee vor? Oder jede andere Erlebniswelt, die in den Regionen deiner Fantasie eine Rolle spielt? Dir sind *keine* Grenzen gesetzt. Das Reich der Fantasie ist so unendlich wie das Universum. Raum und Zeit hindern dich nicht. Wo du dich hindenkst, dort bist du. Was du dir vorstellst, dem begegnest du.

Übungen

1. Entwickle eigene magische Methoden für alle Lebenslagen. Jeder von uns hat eine andere Vorgeschichte, deshalb sind in jedem von uns andere Bilder mit Energie erfüllt. Vergiss dabei nicht: Du kannst nichts falsch machen. Folge deiner eigenen Stimme.
2. Lies den letzten Absatz des Kapitels noch einmal – und versuche, die Übung gleich durchzuführen. Woran leidest du zur Zeit? An Darmgrimmen? Einem bösen Zeh? Ohrenschmerzen? Wenn du die nötige Überzeugung aufbringst, die Voraussetzung ist für das Entstehen von Erschaffungsenergie, kannst du vielleicht in den nächsten 24 Stunden eine Heilung erleben. Trau dich einfach.
3. Du kannst die Methode natürlich nicht nur bei dir selbst, sondern auch bei anderen ausprobieren. Die Ebene der Erschaffung umfasst mehr als dein individuelles Dasein. In diesem Fall ist allerdings Vorsicht geboten: Für den anderen kann die Krankheit einen Bewusstwerdungsprozess bedeuten; nimmst du sie ihm, hemmst du ihn womöglich in seiner Entwicklung. Er sollte dich also zumindest darum gebeten haben.

Wie man aus schädlichen Mustern ausbricht

Oft ist es erschreckend, wie sehr unsere Tage sich gleichen. Würden wir auf einem Blatt Papier zwei beliebige Tage unseres Lebens einander synoptisch gegenüberstellen, so kämen wir zu dem Resultat: Nix passiert. Fast alle von uns verrichten täglich die gleichen Dinge zur gleichen Zeit auf die gleiche Weise. Die schlimmsten davon funktionieren wie Zeitschaltuhren. In ihrem Leben gibt es nicht den kleinsten Spielraum für Überraschungen.

Wir setzen ständig Ursachen und bekommen ständig Wirkungen. Wenn wir täglich die gleichen Ursachen setzen, erhalten wir auch täglich die gleichen Wirkungen. Da das Setzen von Ursachen sich unserer bewussten Wahrnehmung entzieht[13], geschieht es nur alle Jubeljahre mal, dass ein Tag sich von anderen Tagen grundlegend unterscheidet.

Alan Epstein hat ein anregendes Buch geschrieben, mit dem Titel „Glück ist, was du täglich tust". Wobei dieser Spruch natürlich impliziert, dass alles, was du täglich tust – wenn es zum Muster, zur Routine versteinert ist – auch der Schlüssel zum Unglück sein kann. Darum rät Epstein zur Vielfalt. Ganze 365 Möglichkeiten für ungewöhnliche Aktivitäten führt das Buch auf, mit deren Hilfe der Leser sein Leben mit frischem Wind erfüllen kann.

Keine Angst; es handelt sich nicht um Zeitgeist-kompatible Tipps wie z. B. „Gehen Sie doch squashen" oder „Machen Sie eine Frischzellenkur". Epstein besinnt sich auf ganz schlichte Dinge wie Beerensammeln, jemanden nach dem Weg fragen, Souvenirs ausgraben oder Freunde zum Fünf-Uhr-Tee laden. „Darauf kann ich auch selbst kommen", werden manche sagen. Stimmt, tun sie aber nicht. Bei Epsteins Ratschlägen kommt es nicht darauf an, etwas völlig Abgedrehtes zu tun, sondern völlig unspektakuläre Dinge mit größerer Bewusstheit und Intensität zu praktizieren.

Die Lektüre des Buches führt uns zum ersten Schritt, um alte Muster überwinden zu können. Er besteht darin, dass unsere Tage voneinander unterscheidbar werden müssen. Ich höre schon den Einwand: Wer morgens um sieben zur Arbeit muss und erst abends wieder zurückkommt, hat wohl kaum

[13] Wir wissen in der Tat nicht, welche unserer Ursachen welche Wirkungen zeitigen. Ein nettes Gespräch, das wir mit einem Fremden führen, kann im Leben dieser Person eine Kette von Wirkungen nach sich ziehen, die sich uns nicht erschließt, da sie sich außerhalb unseres Mikrokosmos entfaltet. Es ist möglich, dass in einer fremden Stadt in einem fremden Haus ein Mord geschieht, der sich nicht ereignet hätte, wenn wir nicht vor einiger Zeit versehentlich einen Mann in einem Kaufhaus angerempelt hätten. Die Ursachenkette ließe sich exakt nachvollziehen, wären wir in der Lage, ganz alltägliche „Geschichten" aus der Vogelperspektive zu sehen. Da wir aber selbst Teilnehmende sind, gelingt uns das nicht.

Gelegenheit, seinen Alltagsablauf zu verändern. Dazu ein kleiner Erlebnisbericht.

Im vergangenen Sommer spazierte ich eines Abends durch unsere Wohnsiedlung. Es war etwa zehn Uhr, und die Straßen alle leer; nur gelegentlich hörte ich das Schlagen von Garagentüren oder das Rattern von Jalousien. Eins jedoch fiel mir auf, während ich langsam Haus um Haus passierte: Aus jedem dieser Häuser drangen Geräusche. Und überall war es das Geräusch eines laufenden Fernsehers.

Es war keine Erkenntnis, nichts, das mich hätte überraschen können, aber eine Art Bewusstwerdung: ALLE Menschen sehen abends fern. Die Ausnahmen lassen sich an wenigen Fingern abzählen. ALLE Menschen tun abends dasselbe. Nicht an einem, nicht an zwei, sondern an ALLEN Abenden. Eigentlich hatte ich das längst gewusst, aber an jenem Tag *erlebte* ich es, und es schürte mein Unbehagen gegenüber der Spezies Mensch in hohem Maße.

Die gängige Ausrede, als Berufstätiger sei man in der Auswahl seiner Aktivitäten eingeschränkt, zieht also nicht. Selbst in den Stunden, die sie ihre Freizeit nennen, besteht das Leben der Menschen darin, ein Muster abzuspulen.

★ **Beispiel:** Epstein rät seinen Lesern nun: „Genießen Sie die Dunkelheit. (…) Welche Empfindungen haben sie allein in der Finsternis? Ist es beängstigend oder beruhigend? Könnten Sie sich an die Dunkelheit gewöhnen?"

Man muss die Übung erst machen (!), um zu begreifen, dass sie sich lohnt. Das Zu-Ende-Denken von Gedanken, die Kunst, einer Empfindung nachzuspüren und sich zu erinnern, oder das Stellen einfacher Fragen, um zu tieferen Erkenntnissen zu gelangen, ist eine nahezu tote Disziplin. Deshalb gibt es auch kaum mehr Philosophen, dafür umso mehr Quatschköpfe.

Die erwähnte ist nur eine von 365 Übungen, um alten Mustern zu entkommen. Eine weitere besteht darin, einen Tag lang so viele Dinge wie möglich *anders* zu machen als gewohnt. Epstein geht nicht ins Detail, aber mir fallen eine Menge Beispiele ein: Sich die Zähne mal mit der linken Hand zu putzen, mal erst zu frühstücken und danach zu duschen, anstelle einer Semmel ein Croissant zu essen, andere Kleidung zu tragen, auf einem anderen Weg ins Büro zu fahren, im Auto einen anderen Radiosender einzustellen, seine Untergebenen mal als erster zu grüßen, die Pizza mal mit einem anderen Belag zu bestellen usw.

Man wird völlig neue Erfahrungen machen. Dinge erleben, die man bislang nie erlebt hat. Und natürlich darf es bei diesem Versuchslauf nicht bleiben. Wer einen Tag lang alles anders macht, erkennt das *Prinzip*, das einer Änderung festgefahrener Lebensumstände zu Grunde liegt, und kann es künftig anwenden, auch ohne alles auf einen Tag konzentrieren zu müssen.

Gelegentlich lohnt es sich auch, bei Dingen, die man tut, nach dem *Warum* zu fragen. Ein Mädchen, das ich kannte, las Bücher, die sie angefangen hatte, grundsätzlich zu Ende – auch wenn sie ihr nicht gefielen. Ich fragte sie, *warum* sie das tat, und sie konnte mir keine Antwort geben. Ist es nicht sinnvoller, ein Buch, das auch auf Seite 50 noch zum Gähnen ist, zur Seite zu legen, und die wertvolle Zeit mit einem besseren Buch zu nutzen?
Es ist zwar richtig, dass wir Dinge, die wir begonnen haben, auch zu Ende führen sollen – aber nur, wenn sie einen *Zweck* erfüllen. Das Lesen eines langweiligen Buches erfüllt keinen Zweck. Zu dieser Erkenntnis gelangt man nur, wenn man nach dem Warum fragt.
Manchmal bestätigt die Antwort die Richtigkeit dessen, was man getan hat, manchmal zeigt sie, dass das eigene Handeln falsch war. Ich fragte einmal einen Bekannten, wieso er seinem Nachbarn im Treppenhaus stets beipflichtete, egal welchen Unsinn der alte Tölpel von sich gab. Die Antwort: „Weil ich sonst Zeit für eine lange Diskussion opfern müsste, und das würde für mich keinen *Zweck* erfüllen." – „*Warum* müsstest du Zeit für eine lange Diskussion opfern? Du bräuchtest nicht weiter darauf einzugehen." – „Dann erfüllt es keinen *Zweck*, eine Diskussion überhaupt erst zu beginnen."
Akzeptiert. Viele würden mit dem Nachbarn eine Debatte beginnen, weil man schließlich „immer seine Meinung sagen" muss. Muss man gar nicht. Man muss es nur, wo es einen *Zweck* erfüllt.
Mit dem *Warum* lassen sich destruktive Muster hervorragend hinterfragen. Verrät uns die Antwort, dass damit kein *Zweck* erfüllt wird, sollte man mit der betreffenden Gewohnheit brechen. Zweck kann vieles sein: Glücksgefühle, Arbeitserleichterung, Zeitersparnis, das Vermeiden unerwünschter Vorkommnisse, usw. Dabei gilt es natürlich, Prioritäten zu setzen.

★ **Beispiel:** Jemand liest die Tageszeitung stets von vorne bis hinten, Wort für Wort. Du fragst ihn nach dem *Warum*. Er antwortet: „Wenn ich die ganze Zeitung bezahlt habe, will ich auch die ganze Zeitung lesen." Deine nächste Frage: „Interessiert dich auch alles, was in dieser Zeitung steht?" Antwort: „Nein." – „Welchen *Zweck* erfüllt es dann, alles zu lesen?"
Man bezahlt auch den *ganzen* Apfel und isst den Butzen trotzdem nicht mit. Dinge, die wir konsumieren, tun, ausüben, usw., ohne dass sie für uns einen Zweck erfüllen, sind die Apfelbutzen unseres Lebens.

Übungen

1. Bist du verheiratet bzw. liiert? Dann hat im Haushalt bestimmt jeder von euch sein „Betätigungsfeld", d. h. die eine kocht und gießt die Blumen, der andere pflegt den Garten und fegt das Trottoir, usw. – Da ich, was die Rollenverteilung von Mann und Frau betrifft, ziemlich der Tradition verpflichtet bin, geht es mir nicht darum, Männer an den Herd und Frauen an die Werkzeugkiste zu verbannen – aber *ein* Tag, an dem man zumindest ein paar der üblichen Tätigkeiten tauscht, könnte eine interessante Erfahrung sein.
2. Erstelle dir eine Liste von Dingen, die „frischen Wind" in dein Leben bringen könnten: Warum lädst du nicht mal den Typen, der täglich am Haus vorbeigeht und den du eigentlich nett findest, zum Kaffee ein? Welche Leute hast du schon seit Jahren nicht mehr angerufen, obwohl ihr euch einiges zu sagen hättet? Warum gehst du im Kaufhaus nicht mal in eine Abteilung, die dich bisher nie interessiert hat, und guckst, was es dort zu entdecken gibt? Wenn dir nichts einfällt, kauf dir Epsteins Buch; dort finden sich weitere Anregungen.
3. Natürlich lohnt es sich, einmal mit völlig anderen Leuten essen zu gehen als gewöhnlich; das ist eine nette, aber recht unspektakuläre Erfahrung. Man könnte aber auch – wenn man auf Extreme steht – dem Vorschlag folgen, den Onkel Urian in seinem Buch „Götterschmiede"[14] macht und einmal Sex mit einer Person haben, die man (zumindest auf den ersten Blick) *nicht* attraktiv findet. Gut, das sind die Tipps für die Harten unter uns – bei Onkel Urian finden sich noch weitere, deshalb lege ich das Buch allen ans Herz, die in ihrem Leben gern mal ein paar richtige Bomben legen wollen.

---

[14] Edition Esoterick, Siegburg, 2008.

Wie man ein Super-Gedächtnis erlangt

Gelegentlich treten bei Varietés sogenannte Gedächtniskünstler auf, die z. B. jedes Datum der letzten 2.000 Jahre dem richtigen Wochentag zuordnen, im Kopf gigantische Zahlenkolonnen addieren oder gar komplizierte Wurzeloperationen ausführen können. Man könnte meinen, solche Leute hätten ein paranormales Gedächtnis, aber oft verfügen sie nur über raffinierte Techniken, um ihre Rechnungen im Kopf durchführen zu können.
Die verbreitetste dieser Techniken nennt sich Mnemo-Technik. Man kann sie z. B. anwenden, wenn es darum geht, sich an die Namen anderer Leute zu erinnern (es ist psychologisch von großem Vorteil, den Namen einer Person schon bei der zweiten Begegnung parat zu haben). Man kann sie auch anwenden, wenn es darum geht, sich Eigennamen, Fachbegriffe oder ausländische Vokabeln einzuprägen. Die gute alte „Eselsbrücke" lässt sich viel kreativer nutzen als allgemein bekannt. Und man kann andere dadurch echt zum Staunen bringen.
Dass Mnemotechnik, laienhaft ausgeführt, auch zu komischen Resultaten führen kann, wissen wir spätestens seit Ephraim Kishon, der beim Versuch, sich den Namen „Helsingfors" einzuprägen, zuletzt bei „Oslogrolls" landete.[15]
Das Prinzip besteht darin, einen sich einzuprägenden Begriff in ein Bild bzw. mehrere miteinander verknüpfte Bilder aufzulösen.

★ **Beispiel:** Wie kann man sich den Namen Gebauer merken? Zum Beispiel, indem man sich einen Landwirt vorstellt, dessen Traktor kaputt ist und der nun gehen muss, also zum Geh-Bauern wird. Wichtig ist, dass man diesen Geh-Bauern dann mit dem Gesicht bzw. dem Körper der Person verknüpft, die wirklich so heißt.
Je verrückter die Bilder sind, umso besser prägen sie sich ein. Wer sich den Namen Remus nicht merken kann („Romulus und Remus", die Gründer Roms), kann an ein Reh denken, dass zu einer öffentlichen Bedürfnisanstalt rennt („Reh muss!"). Auch Dialekte und regionale Eigenheiten kann man verwenden: Den Namen eines jungen Mannes namens Seidler prägte ich mir ein, indem ich mir vorstellte, wie er bei einer Feier Halblitergläser mit Bier (in unserer Gegend „Seidel" genannt) auffüllte, also der „Seidler" war.
Obwohl ich schon lange mit Mnemotechnik arbeite, passierte es mir trotzdem, dass ich während meiner Rundfunkzeit einen Regionalpolitiker namens Baldauf mit „Herr Frühauf" und als Buchhändler einen Kunden namens Weidhaase mit „Herr Schellhase" ansprach (ich wusste nur noch, dass es irgendein

---

[15] Ephraim Kishon, „Kein Weg nach Oslogrolls" (satirische Erzählung; auch online zu finden unter: http://www.brigittewiechmann.de/lachen/ueber/und.html)

Hase war), doch das sind Lässlichkeiten, zu denen es oft kommt, wenn das Bild nicht scharf genug ist.
Dem Erlernen einer mnemotechnischen Erinnerungsstütze sollte man grundsätzlich ca. vier bis fünf Minuten widmen, damit das Bild sich auch wirklich verankern kann. Umso leichter ist es künftig abrufbar. Ein Bild, das nicht fest genug verankert ist, vergisst man rasch wieder.

★ **Beispiel:** Du triffst eine Person namens Kaminski. Du stellst ihn dir als Ski-Fahrer vor, der jedoch nicht auf die Piste geht, sondern seine Abfahrt im Kamin macht: Kamin-Ski. Damit das Bild sich einprägt, musst du es eine Zeit lang im Geiste bewegen. Stell dir vor, du hast es wirklich erlebt: Wie dieser Typ versucht hat, im Kamin Ski zu fahren. Es ist purer Schwachsinn, aber du wirst es nicht mehr vergessen.[16]
Manchmal genügt es, sich an den ersten Teil eines Wortes zu erinnern; der zweite „kommt" dann von allein. Eine Frau Rappetsdörfer, deren Namen ich mir lange nicht merken konnte, stellte ich mir schließlich als eine Figur in der Kindersendung „Rappelkiste" vor. Sobald mir „Rappets" einfiel, folgte auch „-dörfer".
Es gibt auch andere Wege zum Supergedächtnis: Eine Telefonnummer kann man sich z. B. einprägen, indem man einen Satz bildet, dessen Wörter nacheinander die Anzahl von Buchstaben vorweisen, die den einzelnen Ziffern entspricht, und diesen Satz dann auswendig lernt.

★ **Beispiel:** Die Nummer 6462426 ließe sich übersetzen als *Dieser Mann pflegt im Kino zu furzen.* Je außergewöhnlicher und unorthodoxer der Satz, umso leichter kann man ihn sich merken.
Auch viele Zauberkünstler arbeiten mit Mnemotechnik. Als ich in den achtziger Jahren selbst zauberte, hatte ich eine Nummer im Programm, bei der ich einen Zuschauer bat, einem Kartenpäckchen eine einzelne Karte zu entnehmen, ohne sie mir zu zeigen. Er gab mir daraufhin das nur noch aus 31 Karten bestehende Deck zurück; ich sah es nur einmal durch und wusste sofort, welche Karte fehlte.
Und da ich gut gelaunt bin, möchte ich als Zugabe ein kleines Schmankerl präsentieren, mit dem du andere garantiert als Gedächtniskünstler beeindrucken kannst. Es ist nicht der Trick mit der Karte (den behalte ich für mich), aber einer, den du so ausbauen kannst, das er ähnlich gut ankommt.
Stell dir folgendes vor: Du lässt dir fünfzehn Begriffe (aber solche, die wirkliche Gegenstände bezeichnen, also *keine* abstrakten Begriffe wie Liebe, Atmo-

---

[16] Keine Sorge! Die Gefahr, dass du ihn Kaminschi nennst (Ski spricht man bekanntlich wie „Schi" aus) besteht so gut wie nicht, denn im Ergänzen ist unser Gedächtnis ziemlich gut.

sphäre oder Vernunft) nennen. Du (oder jemand anderes) schreibst sie durchnummeriert auf eine Tafel, dann wird die Tafel umgedreht. Du bist trotzdem sofort in der Lage, die fünfzehn Begriffe in der richtigen Reihenfolge zu nennen.
Das mag zwar nicht jeder können, ist aber noch nichts Besonderes. Verblüffender ist schon, dass es dir auch gelingen wird, die fünfzehn Gegenstände in *umgekehrter* Reihenfolge zu nennen. Richtig zum Staunen wirst du dein Publikum aber bringen, wenn sie dir Zahlen von eins bis fünfzehn zurufen dürfen, und du jeweils den dazugehörigen Begriff nennen kannst. Später übst du mit fünfundzwanzig, dann mit fünfunddreißig, zuletzt mit fünfzig Wörtern. Je mehr du übst, umso routinierter wirst du.
Und so geht es: Du prägst dir folgendes Gedicht ein:

Die Eins ist was Fein's,
die Zwei schwer wie Blei,
die Drei wird zu Brei,
die Vier schwimmt im Bier,
für die Fünf kriegt man Schimpf,
mit der Sechs hat man Sex,
die Sieben muss man schieben,
über die Acht wird gelacht,
die Nine parfümiert man ein,
die Zehn lässt man nicht geh'n.
Die Eleven pflegt zu kläffen.
Die Douze ist ein Bus.
Die Dreizehn tust du verheizen,
die vierzehn trägt eine Schürzen.
Die Fift fährt mit dir Lift.

Beachte: Statt neun haben wir „nine“ (engl.), für elf haben wir „eleven“ (engl.), statt zwölf sagen wir „douze“ (frz.), und statt fünfzehn „fift“ (Abk. v. engl. „fifteen“) Das muss man eben auswendig lernen. Stell dir nun vor, deine Zuschauer haben folgende Begriffe genannt:

1. LAUTSPRECHER
2. RADIERGUMMI
3. WEIHNACHTSBAUM
4. PERSERKATZE
5. FUßBALLTOR
6. CHEESEBURGER
7. PLANET

8. BADEMANTEL
9. REISEFÜHRER
10. ZAHNARZT
11. SONNENBLUME
12. HANDY
13. FOTOALBUM
14. BIERFLASCHE
15. WALROSS

Deine nächste Aufgabe besteht darin, im Kopf Bilder entstehen zu lassen, die so außergewöhnlich sind, dass du sie dir auch merken kannst.

★ **Beispiel:** Die Eins ist was Fein's. Du könntest dir hier vorstellen, wie du einen Lautsprecher verzehrst, der wirklich das Beste ist, was du je in deinem Leben gekostet hast. Du bist dir sicher, jedes Gourmet-Gericht dafür stehen zu lassen und wunderst dich, nicht schon vor längerer Zeit bemerkt zu haben, was für eine Delikatesse ein Lautsprecher ist.

★ **Beispiel:** Die Zwei ist schwer wie Blei. Stell dir also z. B. einen Radiergummi vor, den du grundsätzlich von vier Möbelpackern von einem Schreibtisch zum anderen transportieren lassen musst.

★ **Beispiel:** Die Vier schwimmt im Bier. Du hältst es zuerst für eine Fliege, doch dann siehst du, dass es sich um eine winzige Perserkatze handelt, die sich da in deinen Gerstensaft verirrt hat. Gemeinsam mit dem Kellner rettest du ihr das Leben.

★ **Beispiel:** Die Dreizehn tust du verheizen. Es ist in deiner Wohnung so kalt, dass du sogar dein liebstes Fotoalbum mit zahlreichen Souvenirs opferst.
Erschaffe *eindringliche* Bilder. Denke unlogisch und schrecke nicht davor zurück, dich tüchtig auszuspinnen. Lahme Bilder werden sich deinem Gedächtnis nicht einprägen. Stell unter Beweis, zu welchen Leistungen deine rechte, kreative Gehirnhälfte fähig ist.
Du ahnst gar nicht, wie dieser Trick jedes Publikum zum Staunen bringt.
Falls du dich für Lesser Magic interessierst, kann ich dir übrigens nur empfehlen, das Zaubern zu deinem Hobby zu machen. Du lernst dabei so viel über Manipulation, Irreführung und Cold Reading, dass du Menschen, denen du im Alltag begegnest, regelrecht um den Finger wickeln kannst. Und wenn jemand dir Albert Schweitzer schmackhaft machen will, winke ab und studiere lieber die Biografie von P. T. Barnum, dem großen Blender und Varieté-König. Wenn sie dich an Emerson verweisen, informiere dich lieber darüber, wer Cagliostro und Rasputin waren. Lies auch die Biografien großer Gangster wie

Dillinger und Al Capone. Du musst daraus nicht lernen, wie man kriminell wird, aber du wirst erfahren, wie man andere hinters Licht führen kann – und zwar mit Stil.

Übungen

1. Schneide aus einer Illustrierten oder einer Zeitung fünfzehn Fotos von Personen aus, deren Namen vermerkt sind. Versuche, dir die Namen mit Hilfe mnemotechnischer Methoden einzuprägen – und danach wieder den richtigen Bildern zuzuordnen.

   ★ **Beispiel:** Eine Person hat eine richtig markante Hakennase und heißt „Kremer". Du könntest dir vorstellen, dass er bereits erfolglos versucht hat, die Krümmung in seinem Riechkolben mit einer bestimmten Creme zu beseitigen – ein „Cremer" also. Eine reine Gedächtnisübung, die dir aber im Alltag große Dienste leisten wird.

2. Wähle zwanzig Vokabeln aus einer Sprache, die du *nicht* beherrschst – also meinetwegen Ungarisch, Türkisch oder Portugiesisch, und präge sie dir mittels Anwendung von Mnemotechnik ein. Ein Beispiel aus dem Italienischen: Hund heißt „cane" – du könntest dir z. B. einen Hund vorstellen, der Kahn fährt, vielleicht einen singenden Gondoliere-Schäferhund in Venedig. Oder dir einen Bayern denken, den du fragst, ob er sich Hunde hält, worauf er antwortet: „Naa, Hunde hob ich kaane." Erscheint auf den ersten Blick brotlos, aber es geht ja darum, dich mit dem Prinzip vertraut zu machen.

3. Erfinde selbst mnemotechnische Methoden; es werden diejenigen sein, die für dich am besten wirken. Ich kann mich erinnern, schon während meiner Schulzeit „Eselsbrücken" selbst entworfen zu haben, die ich nicht mal weiterempfehlen konnte, weil sie in ihrer subjektiven Nutzbarkeit absolut waren. Du kannst eigene Erinnerungen, deinen Dialekt, die Bezirke deiner Fantasie einbauen, oder Gedankenverbindungen, die dir als einziger Person auf dieser Welt etwas sagen. Missachte dein System nicht, indem du versuchst, ihm allgemeine Anwendbarkeit aufzuzwingen. Vergiss die Welt und hilf dir selbst.

Wie man Schlafstörungen beseitigt

Die meisten Genies waren ausgeschlafene Männer und Frauen. Im Schlaf regenerieren wir nicht nur Psyche und Körper, wir verarbeiten auch, bilden wichtige Synapsen im Gehirn, und transportieren Informationen in unseren Gedächtnisbahnen hin und her. Wenn du ein Gedicht (oder irgendetwas anderes) auswendig lernen musst, solltest du es mit „in den Schlaf" nehmen. Dort erst wird es zum geordneten Gefüge und lässt sich nach dem Erwachen viel besser abrufen als am Abend zuvor.

Wir können mit erstaunlich wenig Schlaf auskommen – aber es ist eben nur ein „Auskommen", das mit Lebensqualität auf Dauer wenig zu tun hat. Wenn wir nicht ausgeschlafen sind, ist unser Getriebe nicht in der Lage, auf höhere Gangarten zu schalten. Wir laufen nur „mit halber Kraft". Anspruchslose Arbeiten (sprich: Sklaventätigkeiten) können wir dann zwar noch immer einigermaßen gut verrichten; anspruchsvollere Tätigkeiten jedoch werden zum Problem.

Es gibt Menschen, die an chronischer Schlaflosigkeit leiden. Ihr Körper durchläuft in der Regel einen Gewöhnungsprozess, der es ihnen ermöglicht, auch mit relativ wenig Schlaf ein relativ normales Leben zu führen. Und auch Gesunden kann es gelingen, ihr durchschnittliches Schlafbedürfnis zu reduzieren: Wenn du normalerweise acht Stunden schläfst, wirst du zunächst große Probleme haben, plötzlich mit sechs Stunden auszukommen, und du wirst tagsüber ständig müde sein. Nach einigen Tagen oder Wochen jedoch verschwindet dieses Phänomen: Dein Körper „weiß" jetzt, dass er weniger Schlaf bekommt und intensiviert einfach die Tiefschlafphasen. Entsprechend beschleunigt dein Geist seine Verarbeitungstätigkeit, und sechs Stunden sind auf einmal völlig ausreichend.

Das Schlimmste, was man bei Schlafstörungen tun kann, ist panisch zu reagieren. Ich kannte Menschen, die nach zwei schlaflosen Nächten von der Angst befallen wurden, „nie wieder" schlafen zu können. Solche Ängste sind natürlich unbegründet. Die Natur holt sich immer, was sie braucht. Ist das Schlafdefizit erst einmal groß genug, würden wir sogar in einem Meer von Silvesterböllern in den Tiefschlaf sinken. Die Angst vor chronischer Schlaflosigkeit beruht im Allgemeinen auf mangelnder Erfahrung.

Es empfiehlt sich sogar, gelegentlich eine schlaflose Nacht auf freiwilliger Basis einzulegen. Der darauffolgende Tag kann zwar (zumindest in seiner ersten Hälfte) ein wenig lustlos ausfallen; der Abend jedoch wird vom Körper

als umso wohliger empfunden[17], und der Schlaf in der darauffolgenden Nacht so tief und erholsam sein wie lange nicht mehr. Wenn wir danach erwachen, fühlen wir uns, als wären wir einem Jungbrunnen entstiegen. Unser Biorhythmus scheint „neu justiert" worden zu sein, körperliche Wehwehchen sind auf wundersame Weise verschwunden, und unsere Erwartungshaltung gegenüber dem kommenden Tag ist im Allgemeinen sehr positiv.
Was Schlafstörungen anbelangt, so lässt sich unterscheiden zwischen *Einschlaf*störungen und *Durchschlaf*störungen.
Einschlafstörungen treten in der Regel auf, wenn du beim Zubettgehen irgendeine Sache nicht abgeschlossen hast. Sich schlafen zu legen, bedeutet auch, die Schotten dicht zu machen und die Anforderungen und Probleme des Tages hinter sich zu lassen. Du musst sie *abschließen*, bevor du dich hinlegst. Du musst unter dem gesamten Tag einen Schlussstrich ziehen.

★ **Beispiel:** Dein Vorgesetzter ruft dich abends an, um dir mitzuteilen, dass irgendeine Abrechnung nicht stimmt. Das Problem ist lösbar (*alle* Probleme sind lösbar), aber nicht im Moment, also solltest du nicht versuchen, deinen Lösungsversuch im Bett vorzunehmen. Das Bett ist eine andere Welt. Der Schlaf ist eine andere Sphäre. Dort existieren weder Büros noch Abrechnungen; dort sind solche Dinge *gegenstandslos*.
Bevor du schlafen gehst, solltest du all deine ungelösten Fragen in die große Werkstatt der Fantasie und Erschaffung tragen, wo sie oft ganz ohne dein Zutun beantwortet werden.
Auch solltest du nachts sämtliche Türglocken, Telefone und Handys abstellen. Die unterschwellige Gewissheit, jemand könnte läuten oder anrufen, ist nicht gerade schlaffördernd. Es führt oft zu einer Art „Lauerstellung", vergleichbar dem Leiden geplagter Ehefrauen von Schnarchern, die – auch wenn der Mann gerade mal nicht schnarcht – deshalb um keinen Deut besser einschlafen können, da die Sägelaute ja jede Sekunde wieder einsetzen können.
Durchschlafstörungen haben eine andere Ursache. Sie treten oft an entscheidenden Wendepunkten in unserem Leben auf: Umzüge, ein neuer Job, eine neue Beziehung, ein neues Hobby, der Tod eines geliebten Menschen. Die grundlegende Ursache ist, dass wir einen Sachverhalt noch nicht *verarbeitet* haben. Er ist noch nicht Teil unseres Systems geworden, und einige konservativ gestimmte geistige Abwehrkräfte versuchen, diesen Ansturm neuer Ein-

[17] In „Satans Handbuch" empfehle ich bewusst durchwachte Nächte als Mittel gegen Depressionen und psychische Verstimmungen. Auch die traditionelle Psychiatrie – bevor sie später fast nur noch mit Psychopharmaka arbeitete – verordnete schwermütigen Patienten freiwillige Nachtwachen, die sich als eines der besten natürlichen Heilmittel gegen Depressionen erwiesen.

drücke und Denkprozesse „abzuwimmeln". Als Folge davon schrecken wir aus dem Ruhezustand hoch oder wälzen uns bestenfalls in einer Art „Katzenschlaf" durch die Nacht.
Es ist eine verblüffende Tatsache, dass der körperliche und geistige Ruhezustand auch dann Erholungswert hat, wenn er nicht mit Schlaf verbunden ist. Das heißt: Selbst wenn wir vier Stunden lang nur im Bett liegen, ohne zu schlafen, sind wir danach ausgeruhter als wir es wären, wenn wir uns gar nicht erst hingelegt hätten. Überdies haben die meisten Personen, die frühmorgens behaupten, „die ganze Nacht kein Auge zugetan" zu haben, sowieso eine Zeit lang geschlafen – nur ohne es zu merken. Zu hundert Prozent schlaflose Nächte sind eher die Ausnahme.
Schlimmer als Schlaflosigkeit ist die *Angst* davor, da sie genau das bewirkt, was sie zum Gegenstand hat. Der Gedanke „Ich bin mir sicher, dass ich heute Nacht wieder nicht schlafen werde" kann rasch zur Self-Fulfilling Prophecy werden. Unser Unterbewusstsein nimmt Dinge, die wir wie nebenbei äußern, oft auf perverse Weise wörtlich.
Abzuraten ist aber auch von „positiven Affirmationen" wie „Heute Nacht wird mein Schlaf tief und erholsam sein." (Man muss schon ein sehr geübter Magier sein, damit so etwas funktioniert.) Am besten, man sagt unaufdringliche Dinge wie: „Wenn ich morgen früh aufwache, brühe ich mir erst mal einen starken Kaffee / muss ich gleich zur Bank / etc." Das Aufwachen am Morgen impliziert auf jeden Fall, dass man zuvor geschlafen hat.
Ein exzellentes Mittel gegen Schlaflosigkeit ist übrigens der feste Wille, wach zu bleiben. Es ist wie beim Zen-Bogenschießen: Erst wenn man nicht mehr auf verkrampfte Weise zielt, trifft man ins Schwarze. Wem das Schwierigkeiten bereitet, der sollte zumindest mit folgender *Überzeugung* zu Bett gehen: „Es ist völlig egal, ob ich heute Nacht schlafe oder nicht. Ich lege mich einfach hin; sollte ich einschlafen, ist es okay, falls nicht, ist es auch okay. Schlaf spielt heute Nacht für mich keine Rolle."
Es soll Leute geben, die diesen Gedanken nicht einmal zu Ende denken konnten, ehe sie ins Reich der Träume entschwebten.

Übungen

1. Schlafexperimente können von bewusstseinsverändernder Wirkung sein. Versuche, bei nächster Gelegenheit eine Nacht bewusst zu durchwachen, und achte am kommenden Tag auf die psychischen Effekte. Es gibt Personen, die mehrere Nächte Schlafentzug auf sich nahmen: Die Ergebnisse waren vergleichbar mit den Reaktionen von Körper und Bewusstsein auf bestimmte Drogen; es kommt aber stets der Moment, in dem du deinem Schlafbedürfnis nicht mehr widerstehen kannst. Der darauffolgende Schlaf ist im allgemeinen sehr erholsam. Interessant ist vor allem: Egal, wie lange du mit Schlafen ausgesetzt hast – ca. 8 Stunden genügen, um den Normalzustand wieder herzustellen.

2. Im Winter ist es eine gute Übung, einmal in den Tag hineinzuschlafen – und zwar so lange, bis es draußen bereits wieder dunkelt. Sobald unser Körper registriert, dass die Lichtmenge nachlässt, produziert er erneut Entspannungshormone, was zu einem Zustand führt, der den Empfindungen nach dem Genuss von Haschisch oder Marihuana in nichts nachsteht. Mit diesem „Gewusst wie“ bedarf es keinen Pfennig, um high zu werden.

Wie man seinen Lebenscomputer richtig programmiert

Wir haben festgestellt: „Unser Unterbewusstsein nimmt Dinge, die wir wie nebenbei äußern, oft auf perverse Weise wörtlich." Um diesen Sachverhalt zu begreifen, empfiehlt sich ein Ausflug ins Reich der TV-Werbung.

Ein 90 Minuten langer Spielfilm wird normalerweise von drei bis fünf Werbeblocks unterbrochen. Wie nutzen wir diese Zeit? Wir gehen zum Kühlschrank, um uns etwas zu trinken zu holen. Wir dösen vor uns hin. Wir unterhalten uns. Wir lassen die Gedanken schweifen. Nur eines tun wir nicht – die Werbung *bewusst* rezipieren. Kein Mensch tut das. Und die Produkthersteller wissen das. Und reiben sich die Hände.

Würden wir uns Werbung *bewusst* ansehen, bliebe sie ziemlich wirkungslos. Werbebotschaften zielen nicht darauf ab, von uns reflektiert zu werden; sie zielen darauf ab, schleichend in unser Unterbewusstsein vorzudringen, wo sie ein verborgenes, aber machtvolles Höhlendasein führen. Dadurch wird das ganze System so gefährlich.

Wenn wir uns im Zimmer eines Schlafenden aufhalten, sollten wir uns gut überlegen, was wir sagen. Auf bewusster Ebene mag der Betreffende sich an nichts von dem erinnern, was wir geäußert haben; sein Unterbewusstsein jedoch zeichnet unermüdlich alles auf. Extrem wichtig ist das bei Krankenbesuchen. Das „bewusstlose" Häufchen Elend, das da vor uns liegt, mag so aussehen, als befände es sich schon halb im Jenseits, speichert aber gnadenlos alles ab, was uns über die Lippen kommt. Äußerungen wie „Ich hoffe, er muss nicht mehr lange leiden", „Das sind wohl ihre letzten Tage" oder „Glücklicherweise ahnt er nicht, dass er nie mehr gesund wird" entgehen dem Unterbewusstsein der betreffenden Person nicht und steuern unbemerkt seinen Lebensmut, seine psychische Abwehr und seine potentiellen Selbstheilungskräfte ins Aus.

Schon Anton LaVey riet, Rituale zur Beeinflussung einer anderen Person am besten zu einer Tageszeit auszuführen, zu der jene Person sich weder im Tiefschlaf noch im Zustand vollen Wachbewusstseins befindet, sondern in jener Halbwelt zwischen Tag und Traum, die uns für Suggestionen am empfänglichsten macht.

In meinem Buch „Die Schule des Teufels" findet sich ein ganzes Kapitel über die Funktionsweise sogenannter Subliminals.[18]

Wir können festhalten: Botschaften, die uns bewusst „eingehämmert" werden, sind weniger machtvoll als Botschaften, die auf unbewusste oder fast unbe-

---

[18] Versteckte Botschaften, z. B. in Kaufhausmusik etc.

wusste Weise den Weg in unser Unterbewusstsein finden und von dort aus ohne unser Wissen ihr Werk verrichten.
Das gleiche gilt für Dinge, die wir *sagen*, aber gar nicht meinen. Nehmen wir etwa den entsetzten Aufschrei einer Hausfrau, der soeben die Milch übergekocht ist: „*Andauernd* geht mir *alles* schief!"
Eine Stunde später weiß sie nichts mehr von ihrer Äußerung – ihr Unterbewusstsein jedoch hat ein Programm geschrieben, dessen Inhalt lautet, dass nicht nur manche Dinge, sondern *alles* schief geht, und das nicht nur gelegentlich, sondern *andauernd*. Ihre Erschaffenskraft wird alle Hebel in Bewegung setzen, um dieses Programm so umfassend wie möglich zu verwirklichen. Sicherlich nicht so sehr, wenn dieser Spruch nur ein- oder zweimal fällt, auf jeden Fall aber, wenn er bei der betreffenden Person zum „geflügelten Wort" geworden ist: „*Andauernd* geht mir *alles* schief."
Das Gefährliche an unserem Unterbewusstsein ist, dass es *strohdumm* ist. Es nimmt alles, was wir sagen, wörtlich. Es verhält sich wie eine jener Personen, die keinerlei Wortwitz verstehen und alles dem Buchstabensinn nach auffassen. Die Hausfrau, deren Milch übergekocht ist, wollte keineswegs zum Ausdruck bringen, dass in ihrem Leben 100 Prozent aller Unternehmungen zu ausnahmslos jedem Zeitpunkt schief gehen. Sie wollte nur ihren Unmut äußern. Ihr Unterbewusstsein jedoch hat das nicht verstanden. Am nächsten Tag könnte die Situation – gemäß ihrem Programm – sich bereits ein wenig verschlechtert haben.
Immer, wenn wir etwas Grundlegendes über unser Leben, uns selbst oder unsere Fähigkeiten sagen, schreiben wir ein *Programm*. „Verdammt, nie gelingt mir etwas" z. B. kann das Programm des Versagers sein; „Ich bin ein Wrack" das Programm des körperlich Verfallenden; „Niemand mag mich" das Programm des sexuell Frustrierten. Dies gilt natürlich nicht, wenn wir es bewusst und mit humorvollem Unterton sagen; doch meist haben solche Äußerungen es an sich, das sie uns wie eine Art Automatismus „entschlüpfen".
Ich kannte eine Frau, die immer wieder sagte: „Das Leben ist ein Kampf." Und ihr Leben *war* ein Kampf. Irgendjemand hatte ihr diesen Spruch (vermutlich in ihrer Kindheit) beigebracht, und er wirkte über Jahrzehnte hinweg als Programm. Hätte man ihr den Spruch „Life is a beach" eingeimpft, wäre ihr Dasein vielleicht positiver verlaufen. Aber solche Slogans lehren Eltern ihre Kinder nicht. Das Leben darf nicht süß sein, es muss mit Kämpfen, Leiden und Entbehrungen verbunden sein. Christliche Maso-Tradition.
Dass ein Leben ohne zu lösende Probleme de facto ein Nicht-Leben ist, darüber werden wir noch sprechen. Es geht auch nicht darum, sich eine Existenz zu erschaffen, in der alles in rosarotem Glanz erstrahlt; so etwas wäre unerträglich. Probleme jedoch müssen *gelöst* werden, und um sie lösen

zu können, darf mein hauseigener Computer keine Versagens-Programme schreiben. „In meinem Leben geht alles schief“, ist ein solches Versagens-Programm. Wenn unser Rechner damit „verseucht“ ist, läuft es unbemerkt bei jeder unserer Aktivitäten im Hintergrund mit.

Was tun, wenn man solche Programme bereits geschrieben hat? Anders gesagt: Wie wird man sie wieder los? Ziemlich einfach: Indem man ihnen keine Nahrung mehr zuführt. Destruktive Programme verlangen danach, wie Larven ständig gefüttert zu werden. Indem man sie „aushungert“ – d. h. sie einfach nicht mehr benutzt oder durch andere Programme ersetzt – sterben sie eines raschen Todes.

Ein paar Beispiele für solche Viren-Programme:

- „In meinem Leben geht alles schief.“
- „Ich bin immer der Dumme.“
- „Jeden Tag passiert mir ein anderes Missgeschick.“
- „Hört das denn nie auf?“
- „Ich bin völlig am Ende.“
- „Das Pech verfolgt mich auf Schritt und Tritt.“

„I never saw a rainbow,
never found a pot of gold.
I lost at dice in Vegas
every single time I've rolled.
I stamped my daydreams cancelled.
And the winter's getting cold …
Everything happens to me.“

Frank Sinatra

Übungen

1. Achte bei deinem nächsten Kaufhausbesuch einmal *bewusst* auf die unablässig aus den Lautsprecherboxen dudelnde Hintergrundwerbung. Auf diese Weise immunisierst du dich nicht nur gegen sie, sondern kannst auch die kleinen Finten analysieren, mit denen man dich zum Kauf bestimmter Produkte verführen will.

2. Gibt es eine Redewendung oder eine Floskel, die du *immer wieder* verwendest? Du solltest deine Freunde und Bekannten fragen, da es dir selbst vielleicht nicht bewusst ist. Als mir kürzlich ein Interview, das ich gegeben hatte, noch einmal vom Tonband vorgespielt wurde, bemerkte ich, wie auffallend häufig ich in meine Sätze die (eigentlich dämliche) Phrase „im Grunde genommen" eingebaut hatte. Viele Leute verwenden Einschiebsel wie „eigentlich" oder „im Endeffekt", die nichts sagen und doch viel: Nämlich etwas über den, der sie ausspricht. Das gleiche gilt für Redensarten wie „So ist das Leben" oder „Wir sind alles kleine Sünderlein" oder „Wie es kommen soll, so kommt es". Suche nach solchen „Viren" in deinem eigenen Sprachschatz und analysiere sie.

3. Es gibt auch versteckte Programme im Sinne von unausgesprochenen Überzeugungen, etwa die Prämisse „Ich bin unattraktiv". Selbst die bestaussehende Person kann mit einem solchen Programm ihre Chancen beim anderen Geschlecht auf dramatische Weise verschlechtern. Man trägt solche Prämissen oft mit großer Selbstverständlichkeit mit sich herum, auch wenn sie falsch sind. Wenn deine Eltern dir dreimal oder öfter gesagt haben, du seist handwerklich unbegabt, kann es vorkommen, dass du mit dreißig noch immer keinen Nagel in die Wand schlagen kannst. Mit deinen wahren handwerklichen Fähigkeiten hat das nichts zu tun.
   Versuche, dich so gründlich wie möglich von solchen destruktiven Programmen zu säubern.

Wie man Langeweile bekämpft

Hast du dir schon einmal Gedanken darüber gemacht, was es bedeutet, zu sagen: „Ich langweile mich“? Falls nicht, bilde dazu einfach den entsprechenden Fragesatz: „*Wer oder was* langweilt mich?“ Antwort: Nicht irgendein Buch, nicht dein Gegenüber, keine öde Party, kein langwieriger Vortrag – nein, DU selbst bist Gegenstand deiner Langeweile.
Ist das nicht ein Armutszeugnis? Ist es nicht Grund zur Beschämung, wenn man auf dieser Welt tausend Dinge spannender findet als sich selbst? Und das Schlimme: Wer *sich* langweilt, der langweilt natürlich auch andere. Woraufhin die anderen seine Gesellschaft meiden, so dass er auf sich selbst zurückgeworfen ist. Da er aber andere so dringend benötigt, um *keine* Langeweile zu haben, tritt hier ein echter Teufelskreis in Bewegung.

Natürlich, es gibt Situationen, die wir als langweilig empfinden. Etwa, bis zum bitteren Ende der Rede einer Person folgen zu müssen, deren Tonfall so mitreißend ist wie ein vor sich hinplätschernder Gebirgsbach. Auf einer Fete ausharren zu müssen, die nur von seichten Personen frequentiert wird. Das Bewusstsein, wie sinnvoll wir die dort verbrachte Zeit für uns selbst nutzen könnten, erzeugt Nervosität und ein Gefühl der Fadheit. In solchen Situationen ist es aber die Rede bzw. Fete, die uns langweilt. Wir sitzen vorübergehend „in der Falle“. Die meisten Menschen, die „sich“ langweilen, tun dies aber im Zustand völligen Alleinseins, und dies ist Symptom für eine Persönlichkeitsstörung.
Langeweile ist das Resultat eines Lebens ohne Inhalte. Da aber die Suche nach Inhalten eine natürliche Neigung des Menschen darstellt, ist Inhaltslosigkeit unnatürlich und somit ein Defekt. Der einsamste Typ, sofern seine Persönlichkeit intakt ist, wird für sich irgendetwas entdecken, das er verwalten, bearbeiten und gestalten kann. Er kann Briefmarken sammeln. Er kann Hunde züchten. Er kann – wie kürzlich einer meiner Bekannten – das Telefonbuch der Stadt in ein nach Straßen alphabetisch geordnetes Adressbuch umwandeln, was dem geistigen Spaziergänger neue Zusammenhänge erschließt – der Fantasie sind keine Grenzen gesetzt. Inhalts*losig*keit und somit Langeweile jedoch sind pathologisch.
Inhalte haben nichts zu tun mit Ablenkung. Inhalte sind dauerhaft, Ablenkungen nur ein vorübergehendes Narkotikum. Inhalte stützen sich auf ein Fundament, haben Struktur, sind komplex und erfordern Fähigkeiten; Ablenkungen sind jedem zugänglich, schlicht gestrickt und eindimensional. Wer an einem Preisausschreiben teilnimmt, erschafft sich eine Ablenkung, erfüllt sein Leben jedoch mit keinerlei Inhalt. Dasselbe gilt für wahllosen TV-Konsum, da er

unstrukturiert ist, willkürlich, banal. Die Idealform eines Inhalts ist die *Erlebniswelt*. Erlebniswelten erschafft man sich durch die Beschäftigung mit einem Stoffgebiet oder Wissensbereich, angereichert durch Emotion.

★ **Beispiel:** Wer sich mit Astronomie befasst, erwirbt im Laufe der Zeit einen umfangreichen Fundus an astrologischen Daten, Zahlen, Fakten, was dennoch eine recht karge Angelegenheit sein kann. Gelingt es ihm jedoch darüber hinaus, diesen Inhalt mit Emotion anzureichern (eigene Sternenbeobachtungen, die emotionale Erlebnisse verschaffen; improvisierte Phantasiereisen ins Weltall, etc.), so ist sein Inhalt zur Erlebniswelt geworden. Es handelt sich um eine Dimension von Inhalten, die extrem phantasievollen und kreativen Menschen vorbehalten ist.
Erlebniswelten sind ein sehr brauchbares Mittel gegen Langeweile. Es muss jedoch eine dritte Komponente hinzukommen, die wichtigste von allen: Es muss *Widerstände* geben. Vordergründig mag dies verwirrend klingen; tatsächlich aber sind Widerstände das Salz in der Suppe des Lebens.

★ **Beispiel:** Stell dir vor, du spielst mit jemandem Mensch-ärgere-dich-nicht, allerdings mit abgewandelten Spielregeln: Ihr spielt beide mit Würfeln, die ausschließlich die Zahl Sechs anzeigen. „Rausschmeißen" ist nicht erlaubt. Wäre ein solches Spiel befriedigend? Hätte es auch nur den geringsten Unterhaltungswert? Ich glaube eher, es wäre die bekloppteste Zeitverschwendung der Welt.
Mit dem Leben ist es ähnlich. Es müssen Widerstände existieren, die uns vor einem stumpfsinnigen, höhepunktlosen Dahinvegetieren bewahren. Wir waren alle mal verliebt. Das ist schön und wichtig. Aber wir hatten auch alle mal Liebeskummer. Das ist vielleicht nicht so schön, aber ebenso wichtig. Lass dein bisheriges Leben Revue passieren und denk dir dabei alle Probleme, Widerstände, Konflikte und zu knackenden „Nüsse" einfach weg. Wie lebenswert wäre dieses Leben gewesen?
Indem wir Probleme lösen, Konflikte erleben, Widerstände beseitigen und Blockaden aus dem Weg räumen, schärfen wir unseren Verstand und steigern unser Know-how. Das ist es, was man als Reifung bezeichnet. Ein Leben ohne Widerstände ist ein Leben ohne Reifungsprozesse. Es ist wertlos.
Nehmen wir die Magie, derer wir uns als Satanisten bedienen: Sie hat nicht das Ziel, ein Leben ohne Widerstände zu erschaffen; aber sie verhilft uns dazu, kreative Lösungen zu finden. Magie ist kein Prophylaktikum; wir greifen auf sie zurück, wenn wir ein Problem zu bewältigen haben. *Wunder* geschehen daraufhin nicht – aber wir suchen womöglich zur richtigen Zeit den richtigen Ort auf, um das Problem auf maßgeschneiderte Weise lösen zu können.

★ **Beispiel:** Vor deinem Haus steht jeden Tag ein Lkw, der dir die Aussicht versperrt und dich tierisch nervt. Wenn du Magie anwendest, wird dieser Lkw sich nicht auf gespenstische Weise in Luft auflösen. Aber du triffst vielleicht beim Einkaufsbummel den Fahrer des Wagens, kommst mit ihm ins Gespräch und findest die richtigen Worte, um ihn davon zu überzeugen, sein „Ungetüm" künftig anderswo zu parken. Du bist als Magier keine Drohne, dir wird nichts abgenommen. Aber es verschlägt dich auf die richtigen Pfade, und das ist das ganze Geheimnis.

Menschen, die im „goldenen Käfig" leben, büßen ihre Lebenskraft sehr schnell ein. Sie verfallen körperlich und geistig, werden das Opfer von Stumpfsinn, sterben vor ihrer Zeit. Ein Blick auf die Lebensgeschichten großer Herrscher und Könige, die jeglichen Bezug zur realen Welt der Dinge verloren hatten, untermauert diese Beobachtung.

Die beste Möglichkeit, auch während eines totalen Rückzugs überlebensfähig zu bleiben, besteht in der Erschaffung „geschlossener Erlebniswelten" (also künstlicher, aber realitätsnaher, unter einem bestimmten Motto stehender Kulissen), wie Anton Szandor LaVey sie beschrieben hat. Diese „total environments" sorgen bei denen, die sie bevölkern, für emotionale Nahrung und hindern auf diese Weise das Lebensfeuer am Erlöschen. Totale Leere hingegen ist Tod. Dieser Tod muss nicht synchron verlaufen zum Tod des Körpers. Viele Leiber schleppen sich noch Jahrzehnte lang durch die Welt, obwohl sie längst unbewohnte Hüllen sind.

Wenn dein Leben dir keine Widerstände bietet, solltest du dir welche suchen. Als nächsten Schritt kannst du sie überwinden und an ihnen wachsen. Und wenn du keine Feinde hast, dann mache dir welche – aber achte darauf, dass sie dich nicht vernichten; sei du es, der die Oberhand behält.

Ich befürchte, dieser Punkt wird vielen Lesern nur schwer einleuchten.

★ **Beispiel:** Du schaffst dir einen Hund an. Wenn dieser Hund nur brav ist, die meiste Zeit schläft, von Haus aus stubenrein ist und nie Probleme macht, mag dies deinen Nerven zwar zuträglich sein – dir entgeht dabei jedoch die eigentliche Erfahrung des Großziehens eines Hundes. Als ich mir vor Jahren einen Hund kaufte, folgten darauf Wochen von Schlammbädern im Regen, besudelten Teppichen, erbitterten Gefechten vor der Badewanne, gestohlener Wurst und ruinierten Tischdecken. Es war keine lustige Zeit. Aber wenn mich heute jemand nach meinem Hund fragt, weiß ich etwas zu erzählen.

Leben bedeutet: Geschichten erleben. Eine Geschichte ohne Konflikt legt jeder Leser gähnend beiseite. Als ich zwanzig war, schrieb ich einmal in mein Tagebuch: „Wenn du vor einer Entscheidung stehst, stell dir immer vor, du sitzt im Kino und siehst das Ganze auf der Leinwand. So wie du willst, dass der Film weitergeht, solltest du auch im richtigen Leben entscheiden.“ Ein Stück weit übertrieben, würde ich heute sagen. Tollkühnheit und Leichtsinn sind nicht gerade die Insignien des lebensklugen Menschen. Aber vom Prinzip her stimmte, was ich damals schrieb.

Es sollte immer etwas geben, dessen Lösung dich in Anspruch nimmt. Und sei es ein schwer verständliches Buch, dessen Code du zu knacken beschließt. Stell dir Aufgaben: Ich werde Bekanntschaft mit X oder Y schließen. Ich werde jemanden finden, der mir bei Projekt Z behilflich ist. Ich werde Kochen lernen. Ich werde jeden Freitag ausgehen und mindestens eine fremde Person ansprechen. Ich werde so viel wie möglich über A, B oder C recherchieren und eigene Erfahrungen damit sammeln.

Wenn du diese Strategien konsequent durchziehst, wirst du dir eine Menge neuer Universen erschließen und nie das Gefühl haben, dein Leben sei planlos, zwecklos, ziellos.

Nur eine Sache wirst du vergessen, ein für alle Mal: Wie man „sich“ langweilt.

Übungen

1. Überlege dir drei Beispiele für konstruktive Barrieren, die du dir in deinem Leben erschaffen könntest.
2. Gibt es in deinem Leben Erlebniswelten? Falls nicht, in welchen Bereichen bestünde die Möglichkeit, dir welche zu erschaffen? Achte dabei auf deine Interessen, Lebensschwerpunkte und Dinge, die dich faszinieren. Was kannst du tun, um über eine trockene Beschäftigung mit der Materie hinauszukommen?
3. Stelle dir für die nächsten vier Wochen zwei Aufgaben, die du lösen musst. Nimm es dir fest vor; lasse keine Ausreden gelten. Wenn dir nichts einfällt, frage dich, was du dir wünschst bzw. was dein Leben bereichern könnte.

Wie man Realitäten erschafft

Quizfrage: Welcher Religion gehört wohl jemand an, der seiner alten, kranken Mutter den Ratschlag gibt: „Bleib zuversichtlich. Und sprich deine Gebete." Richtig – er ist ein Satanist. Satanisten sind nicht so töricht zu glauben, sie müssten einen Menschen, der jahrzehntelang an gewisse Dinge glaubte, ausgerechnet am Krankenbett bekehren. Sie wissen vielmehr Bescheid über das Prinzip von Gebeten: Es sind *Absichtserklärungen.* Streng genommen widersprechen sie der Tradition vom allwissenden, omnipotenten Gott sogar. Denn wozu sollte ich einen Gott, der stets weiß, was er tut und immer die richtige Wahl trifft, mit meinen eigenen Wünschen behelligen?

Gebete sind egoistisch. Und das macht sie so erfolgreich. Ich spreche dabei von persönlichen Gebeten, in der stillen Kammer gesprochen, nicht vom Gemeinschafts-Blabla kirchlicher Gottesdienste. Ich spreche nicht vom *Vaterunser*, das tagtäglich von vielen Christen wie ein blutleerer Kehrreim heruntergeleiert wird. Ich spreche von jemandem, der klare Worte äußert: *Mach mich gesund!* Es ist das höchste religiöse Niveau, das jemand, der an einen externen Gott glaubt, überhaupt erreichen kann.

Und es ist wirksam.

Das britische CoS-Mitglied Vexen Crabtree schreibt in einem Essay zum Thema Gebet folgendes:

„Um etwas zu beten bedeutet, Gott zu erklären, dass du es besser weißt. Es bedeutet, dass du nicht einverstanden bist mit dem von Gott entworfenen Lauf der Dinge. Um etwas zu beten bedeutet, sich gegen Gottes Willen zu erheben, ihn zu einem Zeitpunkt um sein Handeln zu bitten, zu dem er zum Handeln nicht bereit ist."[19]

Jeder, der ein Gebet spricht und sich als Empfänger dieses Gebetes keinen verbohrten, lustfeindlichen Juden- oder Christengott vorstellt, sondern das Gebet einfach als Methode betrachtet, teilzuhaben an der großen ordnenden und schöpferischen Kraft des Universums, die auch Anton LaVey nie in Zweifel stellte, hat gute Chancen, dass seine Wünsche sich erfüllen.

Wer *nicht* an einen personifizierten Gott glaubt – und Satanisten gehören dazu – formuliert seine Wünsche meist a priori als Absichtserklärungen. Hat man erst erkannt, dass man selbst die Kraft ist, die Veränderungen bewirkt, so führt die Absichtserklärung zu den adäquaten Hormonausschüttungen im Körper, die stattfinden müssen, damit Wünsche nicht nur leere Worte bleiben, sondern der Keim von Realitäts-Erschaffungen sind.

---

[19] *Vexen on Prayer*, zu finden auf der Website: www.vexen.co.uk/religion/prayer.html

Es ist schwierig, den emotionalen Zustand zu schildern, den solche Hormonausschüttungen zur Folge haben. Am treffendsten lässt er sich schildern als eine Mischung aus Gewissheit, Vorfreude und heiterer Gelassenheit. Es ist die Vergrößerung des Zustands, den wir alle empfinden, nachdem wir eine starke Schmerztablette geschluckt haben: Der Kopfschmerz ist noch immer da, wir *wissen* aber, dass er als Folge der Medikamenteneinnahme verschwinden wird. So ist es auch nicht notwendig, in den folgenden Minuten die Tablette ständig „anzufeuern", sie möge auch wirklich helfen, sondern sie verrichtet *ihr* Werk, und wir verrichten unseres. Mit Wünschen, die als Absichtserklärungen formuliert wurden, ist es ebenso.

Wie wir unsere Absichtserklärungen gestalten, ist uns selbst überlassen. Was beim einen funktioniert, kann dem anderen Schwierigkeiten bereiten. Absichtserklärungen können z. B. verbaler Natur sein. Doch auch diejenigen, die sich verbaler Mittel bedienen, lassen sich in verschiedene Gruppen aufteilen. Nehmen wir an, jemand will sich einen neuen Job erschaffen. Manche schwören darauf, das fertige Ergebnis als Tatsache zu artikulieren: „Ich *habe* einen neuen Job." Bei mir funktioniert das nicht, weil ich insgeheim weiß, dass ich mich mit dieser Behauptung selbst belüge. Ich sage lieber: „Ich *will* einen neuen Job." Und da mein *Wille* zu geschehen pflegt, klappt es dann auch.

Sehr hilfreich ist es auch, zu sagen: „Ich *erschaffe* einen neuen Job." Man rückt somit das eigene Schöpfertum in den Mittelpunkt, worum es beim Verrichten Satanisch-magischer Werke ja geht: An die eigene Göttlichkeit zu glauben; an das eigene Vermögen, erschaffen und verändern zu können; an die Macht des Willens und der Absicht.

Jedes Geschehen ist das Resultat einer Absicht. Wenn es nicht *unsere* Absichten sind, die unser Leben erschaffen, dann werden es die Absichten anderer sein. Wenn wir uns weigern, die Architekten unseres Universums zu sein, dann werden andere Architekten uns ein Universum erbauen, in dem wir uns vermutlich nicht so wohl fühlen.

Vor einiger Zeit fuhr ich mit dem Auto durch die Gegend, dachte über eine Reihe zu bezahlender Rechnungen nach, dann murmelte ich: „Ich hole mir jetzt einen zusätzlichen Tausender", griff in die Luft, wo natürlich kein Geldschein war, sondern nur das von mir kreierte Schein-Geld, das ich pantomimisch in meine Hosentasche steckte. Eine Woche später, während ich mit Freunden in einer Kneipe war, stieg ein betrunkener Jugendlicher mutwillig über mein vor der Tür parkendes Auto und wurde dabei von einem meiner Bekannten beobachtet. Der Kostenvoranschlag für ein neues Dach, das der Typ natürlich blechen musste, betrug 1.014 Euro. Die Delle im Dach habe ich nie ausbeulen lassen.

Du kannst die Methode ausprobieren, aber es ist möglich, dass sie nicht sofort funktioniert. Wie gesagt, ist es wichtig, deinem *Willen* (deiner Absicht) wirklich zu vertrauen, sonst schüttest du nicht die richtigen Hormone aus. Wichtig auch: Wenn du deine Absicht artikuliert hast, denk nicht mehr darüber nach. Denk an die Parabel von der Schmerztablette.

Übungen

1. Wie schon erwähnt: Du musst kein Satanist sein, um mit diesem Buch zu arbeiten – du wirst aber automatisch Satanisch handeln, wenn du das Prinzip von Magie verstanden hast.
   Ob du an Gott glaubst oder nicht, spielt keine Rolle. Wichtig wäre deine Definition von Gott. In den meisten Religionen wird Gott auf eine Weise definiert, die dem Menschen eher schadet als nützt. Hast du eine bessere, für dich hilfreichere Definition parat, brauchst du dich von ihr nicht zu trennen.
   Falls es dir wichtig ist, an Gott festzuhalten, findest du eine sehr intelligente Definition des Gottesprinzips in den Büchern von Neale Donald Walsch.
2. Erschaffe dir noch heute etwas. Fange aber mit etwas Unbestimmtem an, z. B. „Ich erschaffe mir eine Begegnung oder ein Erlebnis, das diesen Tag für mich aufwertet.“ Wichtig: Denke nach Äußerung deiner Absichtserklärung möglichst nicht mehr an sie. Lass die Magie einfach für dich wirken.
3. Falls es geklappt hat, widme dich der Erschaffung einer größeren und genauer definierten Veränderung in deinem Leben. Dazu ist natürlich mehr Zeit vonnöten. Du kannst die Zeitspanne selbst festlegen – sei aber realistisch. Lies das Kapitel noch einmal und wende die darin empfohlenen Techniken an.

Wie man seinen Traumpartner findet

„Schade, dass Liebe nur ein Märchen ist", so stand es auf einem handbestickten Kopfkissen meiner Tante Mathilde, und wie oft während meiner *Firecracker Years* hielt ich diesen Spruch für wahr.

Vielleicht ist er es.

Die vollkommene Liebe, das Auf-Wolken-Schweben, das Shangri-La der perfekten Zweisamkeit, von dem wir alle träumen, ist meist eine kurzlebige Sache. Jede Beziehung ist Kompromiss. Zu je weniger Kompromissen man bereit ist, umso mehr Luft dringt ein, und Luft enthält bekanntlich allerlei schädigende Partikel. Mag sein, dass man zum Schluss noch immer die Gelegenheit zum Sex hat, und gelegentlich ein Licht am Fenster, aber in dem warmen Nest, das man sich immer wünschte, wehen oft längst raue Winde.

Ein bekanntes Phänomen ist auch, dass wir mit zunehmendem Alter „Verliebtsein" als immer weniger aufregend empfinden. Das Herzklopfen, das ständige Warten auf das Klappern des Briefschlitzes oder ein Läuten des Telefons ist typischer Teenager-Stoff. Auch wenn Verliebtsein selbst in vorgerücktem Alter noch ein besonderes Stück Lebensqualität sein sollte, so hat es mit den packenden Eskapaden der Pubertät nur noch wenig zu tun.

Das Reizvolle an einer Beziehung ist, dass wir durch sie in eine andere Welt mit hineingezogen werden. Diese Welt kann sehr verlockend sein: Wenn wir eine Liaison mit einem Schauspieler eingehen, sind wir bald schon ein bisschen Teil des bunten Lebens im Rampenlicht. Entscheiden wir uns für einen Partylöwen, kann es sein, dass unser bisher langweiliges Leben turbulent und facettenreich wird. Heiraten wir einen Yachtbesitzer, wird sich ein Großteil der gemeinsamen Zeit auf den sieben Meeren abspielen. Der Mensch, mit dem wir eine Beziehung eingehen, ist stets Repräsentant einer *Welt*. Und das Bewusstsein von dieser Welt ist es, das unsere Schritte zu ihm hin bzw. von ihm weg lenkt. Insgesamt sollte die Liaison unsere Lebensqualität *erhöhen*.

Deshalb sind wir nur schwerlich bereit, Drogensüchtige oder Asoziale in unser Leben aufzunehmen. Unsere Lebensqualität würde sinken – auch wenn der Betreffende gut aussieht, den geilsten Körper der Welt hat oder eine As im Bett ist. Sex wiegt nicht alles auf. Sex können wir uns auch zwischen zwei Kneipenbesuchen oder in Form eines gelegentlichen One-Night-Stands besorgen. Bezüglich der Person, mit der wir unser Leben teilen wollen, ist Sex nicht das einzige Kriterium.

Eins jedoch berücksichtigen wir dabei in der Regel nicht – und es ist der hauptsächliche Grund, weshalb andere eine Beziehung zu uns nicht eingehen wollen: Wie ist *unsere* Welt beschaffen, in die wir den anderen ziehen werden? Welchen Kosmos verkörpern *wir*? Was ist an *uns* so reizvoll, dass es den

anderen dazu bewegen kann, seine Welt mit uns zu teilen? Was haben *wir* zu bieten?
Es ist traurig, aber wahr: Wenn wir von neuen Beziehungen träumen, konzentriert unsere Fantasie sich gemeinhin nur auf den eigenen Profit. Der Gewinn des anderen scheint uns völlig egal zu sein. Doch zwei Menschen, die sich finden, waren zuvor zwei Suchende. Jeder war auf der Suche nach einer Expansion seiner eigenen Welt um die Welt des anderen. Was er im schlimmsten Fall finden kann, sind: Menschen *ohne* eigene Welt, Menschen mit einer qualitativ schlechteren eigenen Welt, Menschen mit einer sehr profanen und dürftigen eigenen Welt, Menschen, die ihre Welt, derer sie überdrüssig sind, gegen die Welt des anderen tauschen wollen.
Doch all das sind keine guten Voraussetzungen für eine Beziehung. Wird sie nichtsdestotrotz eingegangen, lässt ein Scheitern sich mit großer Treffsicherheit prophezeien.
Was hat z. B. eine Frau mit einem ungeheuer breiten Interessenspektrum von einem Mann, der nur auf dem Sofa lümmelt und Marihuana raucht? Sie wäre ohne ihn weitaus besser bedient. Wenn wir keine *Welt* sind, sind wir nichts. Wenn wir körperlich, psychisch oder ethisch verwahrloste Kreaturen sind, gibt es nichts, das wir einem anderen bieten können. Und Welten lassen sich nicht herbeizaubern, sondern nur im Laufe von Jahren allmählich erschaffen. Also: Wenn wir keine *Welt* sind, werden wir keinen Partner finden. *Auch nicht mit Hilfe von Magie.*
Magie nämlich – und das sollte jedem klar sein – hebt keine Naturgesetze auf. Sie kann Stagnationen beseitigen, Wunden heilen, Barrieren aus dem Weg räumen – aber sie wirkt keine Wunder. Anton LaVey nannte dies den *Balancefaktor*. Wenn du querschnittgelähmt bist, kannst du auch mit Hilfe von Magie kein Langstreckenläufer werden. Und wenn keine Welt existiert, die dich definiert und kennzeichnet, kannst du keine erfüllende Partnerschaft eingehen. *Auch nicht mit Hilfe von Magie.*
Ein ähnlicher Fall bietet sich, wenn du – sagen wir – ein Gesamtkunstwerk an Hässlichkeit bist. Du kannst an deinem Aussehen zwar arbeiten, musst dich aber trotzdem mit dem Gedanken abfinden, dass du als Objekt der Begierde nie in der oberen Liga spielen wirst. Als missgestalteter Zwerg wirst du kein Model erobern. *Auch nicht mit Hilfe von Magie.*
Magie funktioniert in Einklang mit den Naturgesetzen, und da gibt es keine Ausnahme. Mag sein, dass irgendjemand dir weiszumachen versucht: Auch wenn du beschissen aussiehst, steckt in dir ein wertvoller Mensch, also gib nicht auf. – Aber was du dabei finden wirst, ist im günstigsten Fall auch nur ein wertvoller Mensch, der beschissen aussieht. Wenn dir das reicht, ist ja alles gut.

In den soften Siebzigern war es eine Zeit lang üblich, dass Frauen auf Make-up und Lippenstift verzichteten und unter dem Label „Natürlichkeit" mit ihren Mitessern und Krampfadern förmlich kokettierten. Bei den Männern war es fast noch schlimmer: Sie ähnelten häufig geschlechtslosen Trotteln. Das Problem war, dass solche Leute sich zwar selbstbewusst und „authentischer" vorkamen, auf der anderen Seite aber trotzdem nicht zueinander fanden, da jeder beim anderen Geschlecht auch weiterhin nach Attraktivität im konventionellen Sinne suchte.

Man denke nur an die sogenannten Emanzen: Jahrelang versuchten sie, die Produktion von hauseigenem Testosteron vorzutäuschen, indem sie betont maskulin in Erscheinung traten; stets jedoch kam der Tag, an dem man sie, zwar noch zaghaft gestylt, aber einer attraktiven Frau schon weitaus ähnlicher, an der Seite eines breitschultrigen, traditionell männlichen Mannes einhergehen sah.

Wir bekommen nicht mehr, als wir bieten können. Wenn du nach aufrichtiger Überlegung weißt, wie groß dein eigenes Potential ist, kannst du mit ziemlicher Treffsicherheit voraussagen, was du im günstigsten Fall erwarten kannst. Viele begehen den Denkfehler, man könne sich über den Partner „hereinholen", was einem selbst fehlt. Das ist ein Trugschluss. Das Prinzip der Ergänzung gibt es zwar; es spielt sich jedoch auf einer anderen Ebene ab. Wenn die Frau keine Autos reparieren und der Mann kein Essen zubereiten kann, können sie als Zweiheit beides – und das ist prima. Auch das Prinzip der entgegengesetzten Polaritäten ist bei Partnerschaften nicht selten: Jemand, der mit Geld nicht umgehen kann, heiratet mit seiner Frau gleichzeitig seine Kassenverwalterin. Ein Luftikus sucht sich unbewusst jemanden, der ihn ein wenig diszipliniert. Und so weiter. Geht es jedoch um primäre oder sekundäre Attribute der „Brautwerbung", gelten diese Gesetze nicht mehr. Keine hübsche Frau sucht sich einen hässlichen Mann, nur um etwas Hässlichkeit in ihr Leben zu holen. Wo es um Attraktivität geht, ziehen gegenseitige Pole sich nicht an.

Eine äußerlich bezaubernde, aber ausgesprochen naive Madame, die sich zu den Bewunderern George Bernard Shaws zählte, sagte einmal in einem Salon zu ihrem Idol: „Wäre es nicht großartig, wenn ich ein Kind von Ihnen haben könnte? Stellen Sie sich vor – *mein* Aussehen und *Ihr* Geist!" Worauf Shaw lakonisch antwortete: „Sie haben ja Recht – was aber, wenn der umgekehrte Fall eintritt?"

Übungen

1. Welche Welt hast du zu bieten? Was verkörperst du? Was hast du im Laufe vieler Jahre getan, um etwas Unverwechselbares aus dir zu machen, das für potentielle Partner Argument sein könnte, sich für dich zu entscheiden? Falls du noch sehr jung bist, bist du vielleicht noch auf dem Weg zu dieser Welt, und deine Beziehungen sind – was völlig okay ist – eine Mischung aus Romantik, Petting und Soap Opera. Bist du allerdings schon älter und weißt trotzdem nicht, welche Welt du verkörperst, könnte es sein, dass du ein Problem hast.

2. Stimmen Inhalt und Form bei deiner Selbstpräsentation überein? Das heißt: Kleidest, stylst und präsentierst du dich der Welt gemäß, die du verkörperst? Ich habe schon Zweimetermänner mit Intellektuellen-Brille gesehen, die meinten, in Rapperhosen attraktiver zu wirken. Versuche dir vorzustellen, wie du als „Gesamtkunstwerk“ auf andere wirken könntest. Sind da Stilbrüche, die den Bereich der künstlerischen Idee überstrapazieren? Bist du authentisch?

3. Welche Arten von Welt fändest du reizvoll bei einem Partner? Was würdest du gern in dein Leben holen? Was wärst du bereit, dafür zu bieten?

Wie man Nervensägen abwimmelt

Die Floskel „Wie geht es dir/Ihnen?" ist eigentlich eine ziemlich törichte Frage. Man stellt sie, obwohl man sich vor der Antwort fürchtet. Nur in Ausnahmefällen (z. B. bei guten Freunden) will man wirklich wissen, was sich im Leben des anderen so zuträgt. In der Regel jedoch ist es uns nicht nur völlig egal, wie es dem anderen geht, sondern wir empfinden ausführliche Antworten sogar als Unverschämtheit.

Gebildete Menschen wissen das und verzichten darauf, den Fragesteller mit Details zu behelligen. Sie sagen „Gut" oder „Okay" oder „Geht so", und beenden somit diesen Abschnitt der Kommunikation. Vor zwei Menschentypen jedoch sollten wir uns hüten:

Den ersten erkennt man daran, dass er auf die Frage, wie es ihm geht, verzückt die Augen verdreht und gen Himmel lächelt, als würde er alles nur träumen. Dann atmet er tief ein, stößt die Luft in Form des Satzes „Super! Es ist die beste Zeit meines Lebens." wieder aus und schüttelt dabei den Kopf, als sei so viel Glück, wie es ihm zur Zeit widerfährt, gar nicht möglich.

Dann ist es am besten, man sagt „Na gratuliere!", und stiehlt sich davon.

Tut man es nicht, folgen weitschweifende Schilderungen von Erfolgserlebnissen, die nur das eine Ziel verfolgen: Dich neidisch zu machen. Die Frau des Lebens. Der Job des Jahrhunderts. Das Haus der Träume. Ich neige nicht zum Neid, jedenfalls nicht in seiner destruktiven Form, und ich bin von Natur aus unfähig, mich über die Erfolge fremder Menschen zu ärgern – interessieren tun sie mich aber trotzdem nicht.

Es gibt noch eine zweite Sorte von Menschen, die auf die gleiche Frage wie folgt reagieren: Sie senken den Kopf, das Licht in ihren Augen erlischt, und von einer Sekunde zur anderen sind sie um zehn Zentimeter geschrumpft und hauchen: „Beschissen."

Dann solltest du sagen: „Kopf hoch, wird schon wieder." und ebenfalls schnellstmöglich Fersengeld geben.

Tust du es nicht, wirst du elegische Jammertiraden über dich ergehen lassen müssen; du wirst zur lebenden Klagemauer, und diesmal ist es nicht dein Neid, den sie wollen, sondern dein Mitleid, und auch das ist eine Regung, zu der ich mich nur bei wenigen Menschen durchringen kann. Ich weiß, dass die meisten sich ihr Unglück selbst erschaffen haben: Indem sie nicht in der Lage waren, aus alten Mustern auszubrechen; indem sie nicht ihre eigene Identität lebten; indem sie davor zurückschreckten, sich auf Veränderungen einzulassen. Es ist nicht so, dass sie als Nichtschwimmer versehentlich im Schwimmerbecken landeten und dort ertranken. Es ist so, dass sie hätten schwimmen

können, es aber auf Grund ihrer Prinzipien und ihres Verhaftetseins nicht taten.
Diese beiden Menschentypen solltest du meiden.
Noch einmal zur ersten Gruppe, den Überglücklichen: Kein intakter Mensch hat das Bedürfnis, Erfolgserlebnisse auf derart überschwängliche Weise mit jemand anderem zu teilen, außer mit Freunden und Vertrauten. Sicher gibt es Tage, wo man – wie es in einem Schlager heißt – „mit den Sternen tanzen" möchte, aber braucht man dazu Publikum, das streng genommen nicht mal zum eigenen Universum gehört? In der Regel sind es nur ein paar vielversprechende Omen, die von solchen Leuten zum „großen Durchbruch" hochstilisiert werden – wie in Balzacs „Vetter Pons", wo die Präsidentin Camusot all ihren Bekannten begeistert vom tollen Schwiegersohn erzählt, der ihre (unattraktive und verzogene) Tochter ehelichen wird, noch ehe jener die potentielle Braut überhaupt in Augenschein genommen hat (was unweigerlich zum Fiasko führt).
Wenn du die Werke von LaVey oder meine Bücher gelesen hast, weißt du, dass man Menschen, die andere „belagern" oder durch ihre ständige Gegenwart belasten, als *psychische Vampire* bezeichnet. Psychische Vampire – mit Verlaub – sind „Stinker": Sie kennen nur ihr eigenes Universum; das der anderen ignorieren sie völlig. Und ihre Strategie besteht darin, diejenigen, die sie für ihre Freunde und Bekannten halten (denn wirkliche Freunde haben sie aus verständlichen Gründen meist nicht), in dieses verwahrloste und chaotische Universum hineinzuziehen und zu einer Auseinandersetzung damit zu bewegen.
Du erkennst sie daran, dass sie nicht nach *dir* fragen, sondern nur von *sich* erzählen. Du erkennst sie daran, dass dir vor ihren Anrufen und Besuchen graut, ohne genau zu wissen, weshalb. Du erkennst sie daran, dass du dich in ihrer Gesellschaft merkwürdig ausgelaugt und schwach fühlst (kein Wunder, sie entziehen dir Energie, während deine Gegenwart sie stärkt und auflädt). Du erkennst sie daran, dass sie dir fortwährend seltsame und übertriebene Geschenke machen, die dich anfangs noch erfreuen mögen, im Laufe der Zeit von dir jedoch als der Unrat erkannt werden, der sie sind.
Da ich mich ungern wiederhole, verweise ich auf mein Essay „Neue Strategien gegen psychische Vampire"[20] sowie die entsprechenden Abschnitte in meinen anderen Büchern[21]. Die dort vorgeschlagenen Methoden sind für fortgeschrittene Satanisten gedacht, die bereits über ein Grundrepertoire von Les-

---

[20] Enthalten in: Oliver Fehn, *Im Schein der Schwarzen Flamme*, Edition Esoterick, Siegburg, 2008.

[21] Oliver Fehn, *Satans Handbuch*, Bohmeier-Verlag, Leipzig, 2002; Oliver Fehn, *Die Schule des Teufels*, Bohmeier-Verlag, Leipzig, 2003.

ser-Magic-Techniken verfügen. Für Anfänger möchte ich folgende Regeln aufstellen:

- Sobald du einen psychischen Vampir identifiziert hast (vgl. den Anfang dieses Kapitels), sieh zu, dass du die Kommunikation beendest. Es lohnt sich nicht.

- Sollte einer dieser Leute auf die Idee kommen, mit dir Telefonnummern auszutauschen, kannst du (falls du keinen Eklat oder keine Diskussion willst) getrost darauf eingehen. Schreib die 3 so, dass sie einer 9 ähnelt, die 8 wie eine 0 usw., aber beschränke dich auf *eine* oder zwei Ziffern. Du wirst vom anderen trotzdem nie mehr hören.

- Lass psychische Vampire ruhig spüren, dass du ihre Geschenke nicht schätzt. Sprich nie darüber. Sag nicht überschwänglich Dankeschön. Nimm sie emotionslos entgegen. Erkundigt der psychische Vampir sich später nach einer seiner Aufmerksamkeiten, tu so, als müsstest du erst nachdenken.

- Wo genügend Raum zur Verfügung steht, lohnt es sich, für Besucher, die man nicht allzu lange bewirten will, ein spezielles Zimmer zu reservieren. Die Beleuchtung dort sollte grell und unbehaglich sein wie in einer Neon-Bar, die Sitzmöbel so konstruiert, dass der Rücken sich in einem leicht spitzen Winkel (etwa 87 Grad) zu den Beinen befindet, die Temperatur extrem (je nachdem, was du besser ertragen kannst, kühlklamm oder schweißtreibend-heiß), die Wände kahl. Du kannst Musik auflegen, die andere in den Wahnsinn treibt, oder ein selbst kreiertes Getränk servieren, dem du einen abenteuerlichen Namen gibst, das aber scheußlich schmeckt. Denk darüber nach, *wie* man anderen Gemütlichkeit und Entspannung schenkt – und dann tu genau das Gegenteil.

- Missachte sämtliche Regeln für eine gepflegte Kommunikation. Höre nicht richtig zu. Gib dem anderen kein Signal, dass du ihn verstanden hast. Gib schräge Antworten, die nicht wirklich zu der gestellten Frage passen. Dies schafft eine Atmosphäre der Unbehaglichkeit, der die andere Person nicht lange standhalten kann. Übertreibe jedoch nicht, sondern lass es ganz natürlich aus dir „hervorfließen".[22]

---

[22] Der Hinweis, bei der Irreführung anderer stets natürlich zu bleiben, ist der wichtigste Gesichtspunkt überhaupt, die Goldene Regel der Lesser Magic. Als ich in den 80er Jahren eine Theatergruppe leitete, befand sich unter den Schauspielerinnen ein Mädchen, das seine Sache eigentlich nicht schlecht machte; doch irgendetwas an ihr war nicht authentisch. Ich musste eine Weile nachdenken, ehe mir die Antwort kam: Sie *spielte* ihre Rolle. Ungeachtet

Übungen:

1. Fahre in eine fremde Stadt, wo man dich nicht kennt, und verkörpere dort eine von dir gewählte Rolle: Sei ein Gangster, ein Ausländer, ein Behinderter, ein Mafioso, eine Berühmtheit inkognito. Schlüpfe ganz unverkrampft in deine gewählte Identität – unabhängig davon, ob andere sie erkennen oder herausinterpretieren. Auf diese Weise lernst du erstaunlich gut, Charaktere zu verkörpern, ohne übertrieben oder allzu demonstrativ aufzutreten. Es geht nicht darum, ob andere erkennen, wen oder was du spielst – sondern darum, dass du *bist*, was du verkörpern willst. Bis in alle Fasern.
2. Gibt es in deinem Leben psychische Vampire? Falls ja – gibt es triftige Gründe dafür, dass du sie nicht längst verscheucht hast? Bequemlichkeit, Feigheit, vermeintlicher Zeitmangel sind keine Rechtfertigung. Es erfordert wenig Zeit- und Energieaufwand, sich psychischer Vampire zu entledigen. Wann schreitest du zur großen Reinigungsaktion?
3. Kauf dir ein Buch über Misleading (so nennt man in der professionellen Zauberkunst die Technik der Irreführung) und finde heraus, welche der darin beschriebenen Methoden du dir auch im Alltag zunutze machen kannst.

---

ihrer Berufsbezeichnung, ist es das, was Schauspieler unter allen Umständen vermeiden sollten. Ein guter Schauspieler *ist* derjenige, den er spielt. Nur wer lernt, diesen Quantensprung zu vollführen, kann es zu wahrer Größe bringen – sowohl auf den Brettern, die die Welt bedeuten, als auch auf der Bühne des Lebens.

Wie man mit 78 bunten Bildern Probleme löst

Der Satanist lehnt naturgemäß jede Form von Fatalismus ab. Stünden künftige Ereignisse bereits fest, welchen Sinn hätte unser Handeln noch? Wo Leben Wachstum und das Lernen am Objekt bedeutet, sind fatalistische Elemente fehl am Platz. Ich kenne Menschen, die sind frühmorgens Magier, am Abend Schicksalsgläubige. Es ist die sicherste Methode, null Fortschritte zu machen. Dein Weltbild sollte – zumindest dort, wo es ums Eingemachte geht – in sich geschlossen sein.

Etwas anderes bedeutet es, mit gewissen Dingen zu *spielen*. Klären wir zuvor den Begriff: Was tut ein Kind, wenn es spielt? Es agiert in einer erfundenen Welt, die es vorübergehend als sehr real wahrnimmt. Ist das Spiel vorbei, kehrt das Kind in die „Realität" zurück, macht seine Hausaufgaben, trifft sich mit Freunden usw. Für die Dauer des Spiels jedoch gelten vorübergehend andere Regeln. Um mit Anton LaVey zu sprechen: Spielen bedeutet, sich in die „intellektuelle Unterdruckkammer" zu begeben, um für eine gewisse Zeitspanne nichts zu hinterfragen, zu analysieren oder mit dem Intellekt anzustrahlen. Spielen ist *Woanders*-Sein. Die meisten Erwachsenen haben die Fähigkeit zu dieser Wanderschaft zwischen zwei Welten verloren.

Für Satanisten ist es unverzichtbar, solche Sprünge machen zu können, da sie sonst eine Vielzahl magischer Techniken gar nicht ausführen könnten. Sowohl Höhere Magie – das Zelebrieren von Ritualen in der Ritualkammer – als auch Niedere Magie – der gesamte Fundus an Psycho-Tricks und Manipulationsmethoden – setzt die Fähigkeit voraus, vorübergehend künstliche, selbst erschaffene Bereiche zu betreten und den logischen Verstand während dieser Zeit auszuschalten.

★ **Beispiel:** Du bist eine Frau und versuchst, bei einem Behördengespräch den Beamten, der über dein Schicksal entscheidet, mittels sexueller Beeinflussung zu manipulieren (so wie Anton LaVey es in seiner „Satanischen Hexe" beschreibt). Du musst ihm *Hoffnungen* machen, sonst funktioniert es nicht. Natürlich würdest du ihn jederzeit von der Bettkante stoßen, aber während eures Gesprächs solltest du fest daran glauben, dass er als Mann einen gewissen Reiz ausübt. Du spielst ein Spiel. Das ist mehr als nur Theater.

Den Verstand *auszuschalten* bedeutet etwas anderes als ihn zu *unterdrücken*: Ich kann Schmerz unterdrücken, d. h. ich spüre ihn dann trotzdem, halte ihm aber stand. Ich kann Schmerz aber auch ausschalten, dann nehme ich ihn gar nicht erst wahr. Den Verstand zu unterdrücken hieße Theater zu spielen. Den Verstand auszuschalten bedeutet ein Spiel zu spielen.

Spielen wir Karten. Spielen wir Tarot. Zieh eine Karte und stell dir vor, sie hätte dir für dein Leben etwas zu sagen.
Du wirst feststellen, dass sie dir *tatsächlich* etwas zu sagen hat.
Betrachte die Karte nicht als papierene Pythia, die über deine Zukunft genau Bescheid weiß. Mit Zukunftsvorhersagen wollen wir uns hier, wie gesagt, nicht beschäftigen. Verwende die Karte vielmehr als „Anzeigetafel", die deinen Blick auf ein Thema lenkt, das für dich und dein Leben im Moment von ausschlaggebender Bedeutung ist.
Du kannst diese Übung auch machen, wenn du die Bedeutungen der einzelnen Tarot-Karten nicht kennst. Lass einfach das Bild zu dir sprechen. Dazu solltest du ein geeignetes Spiel verwenden – bei vielen Tarot-Decks sind nur die 22 Karten der Großen Arkana mit Bildern versehen, der Rest nur mit den Zahlenwerten der vier Kartenfarben. Ich empfehle das Rider-Waite-Spiel, das sehr klare und unzweideutige Bilder und trotzdem eine Menge Deutungsspielraum bietet.
Mit Hilfe der Karte hast du einen „Leitgedanken", unter den du deine Überlegungen stellen kannst. Durchdenke, durchspüre, durchfühle das Thema, ohne dich an irgendwelche Regeln zu halten. Es ist egal, wo die Karte dich „hinführt". Wichtig ist, dass sie dich irgendwo hinführt, wo du bezüglich der hinterfragten Situation noch nicht gewesen bist.
Wenn wir über eine Sache oder die Lösung eines Problems nachdenken, macht unser Gehirn es sich meist bequem: Wie ein Wanderer, der sich seinen Weg durch einen Wald oder durchs Gestrüpp bahnen muss, entscheidet es sich für die bereits mehrfach ausgetretenen Pfade. Es macht weniger Arbeit, ist weniger anstrengend – führt aber stets zum gleichen Ort. Man kommt nicht weiter, der Denkprozess wird zur Endlosschlaufe, man findet aus den immer gleichen Gedankenspuren nicht heraus.
Nimmt man eine Tarot-Karte zur Hilfe, stellt man die betreffende Problematik unter eine neue Überschrift. Dieser Überschrift sollte man folgen, um sein Thema nicht zu verfehlen. Es ist, als müsstest du einen Aufsatz schreiben, dessen Titel lautet: „Stelle deinen momentanen Liebeskummer unter das Thema 'Schicksalsrad' (Karte X) im Tarot. Du wirst dich wundern, wie viele neuartige, revolutionäre Gedankengänge (sprich: *Lösungsmöglichkeiten*) dabei entstehen. Der Grund: Dein Gehirn bildet, wenn du festgefahrene Gedankenmuster überwindest und in (noch) unerforschte Richtungen denkst, eine Menge neuer Synapsen, d. h. Verbindungen zwischen Nervenzellen. Diese „ofenfrischen" Synapsen bleiben dir erhalten – du kannst sie künftig nutzen, wann immer du willst. Somit hilft die Beschäftigung mit dem Tarot dir tatsächlich dabei, die Sphäre deines Denkens zu erweitern. Vermutlich steigt sogar dein IQ.

★ **Beispiel:** Du überlegst dir, ob du von der Stadt aufs Land umziehen sollst. Vieles spricht dafür: Die gesunde Luft, die Stille, das entspanntere und naturgemäßere Leben. Es gibt aber auch Dinge, die für das Stadtleben sprechen: Das größere Einkaufsangebot, das Nachtleben, kulturelle Veranstaltungen, berufliche Chancen. Du hast also ein Entscheidungsproblem.
Nun ziehst du eine Tarot-Karte und erhältst „Der Turm". Der Turm steht immer für eine Situation, die so weit ins Extrem getrieben wurde, dass Zerstörung einsetzt (falls du es nicht weißt, das Bild im Rider-Tarot sagt es dir). Überlege nun, was diese Aussage mit deinem Thema zu tun hat: Will die Karte dir mitteilen, dass du das Leben in der Großstadt nicht mehr lange ertragen wirst, dass eines Tages unweigerlich dein Nervenkostüm zusammenbricht? Oder sagt es dir vielmehr: Du sollst nicht zu viel wollen, strapaziere dein Glück nicht, bleib wie der Schuster bei seinen Leisten? Das kannst du nur selbst beurteilen, denn nur du kennst die mannigfaltigen Mechanismen deines *eigenen* Lebens. Es gibt noch tausend andere Dinge, die diese Karte dir sagen könnte. Aber an diesem Punkt bist *du* gefordert.

Es gibt auch sogenannte Legesysteme, die in zahlreichen Tarot-Büchern genau beschrieben sind. Da sie jedoch oft das Ziehen von zehn oder mehr Karten erforderlich machen, sind sie eher für den Fortgeschrittenen geeignet. Lass dich vorerst nicht darauf ein – du erhältst zu viele Aussagen auf einmal und hast dann Schwierigkeiten, sie miteinander zu verbinden.

Beschränke dich anfangs auf *eine* Karte pro Frage. Sollten sich weitere Fragen ergeben, kannst du wiederum in Einzelschritten fortfahren – aber erst, wenn du das Gefühl hast, die erste Karte wirklich „ausgeschöpft" zu haben. Hat man die Ursprungskarte vollständig verstanden, erübrigen sich weitere Fragen meist.

Aus meiner Sicht ist der Tarot ein modernes Psycho-Spiel für alle Menschen und somit echte Lebenshilfe. Da er auch zu reinen Divinationszwecken und ähnlichem Humbug benutzt wird, hat er sich unter rationalen Freidenkern leider einen schlechten Ruf erworben. Doch hinter vielen (vordergründig betrachtet) „esoterischen" Disziplinen stehen Prinzipien, die mit einem rationalen Weltbild durchaus vereinbar sind. Ob Homöopathie, Astrologie oder Bach-Blüten – man sollte die Dinge erst testen, bevor man sie in Frage stellt. Wenn jemand zu dir sagt „Flüstere deinen Wunsch bei Neumond in eine Tasse grünen Tee", ist er wahrscheinlich nur ein armer Spinner. Bevor du ihn aber so nennst, probiere es wenigstens *einmal* aus.

Die Welt ist voll mit unentdecktem Wissen. Nichts davon ist irrational oder „übersinnlich". Dinge funktionieren, wie sie funktionieren, und manchmal kennt der Mensch die zu Grunde liegenden Gesetze, manchmal nicht. Wer

aber urteilt, bevor er sich auf etwas eingelassen hat, verzichtet unter Umständen auf die Chance zu Verbesserungen in seinem Leben.
Satanisten sind Rationalisten. Daran wird sich nie etwas ändern, und es zeigt sich daran, dass sie okkulten Trugschlüssen ebenso wenig aufsitzen wie den Trugschlüssen notorischer Miesmacher, die im Grunde nur Ignoranten sind.

Übungen

1. Hast du ein Tarot-Spiel? Falls ja, denke dir selbst kleine Spielereien aus. Du könntest z. B. jeden Tag unter ein „Motto" stellen, das von einer Karte bestimmt wird. Dabei kannst du intuitiv deuten, d. h. einfach dem Bild folgen, ohne in irgendeinem Nachschlagewerk die Bedeutung der Karte zu erfragen. Es gibt aber auch gute „Stichwort"-Bücher, die dir Starthilfen geben, ohne dir das eigene Denken abzunehmen.
2. Bei Denkblockaden, „Drehwürmern" im Kopf und Situationen, in denen man feststeckt, hilft manchmal ein Tarot-Bild, um die Mauer in völlig andere Denkrichtungen zu durchbrechen. Dies kann in Form einer „plötzlichen Eingebung" geschehen, gelegentlich aber auch erst nach einem längeren Denkprozess, in dem du z. B. in die Welt der betreffenden Karte schlüpfst und dort eigene Wahrnehmungen machst.
3. Der Tarot, vor allem die 22 Karten der Großen Arkana, ist eine Darstellung der Archetypen des Lebens. Die Basismuster unserer Existenz sind zahlenmäßig begrenzt; es sind die Milliarden von Variationen, die dem Leben seine Vielfalt verleihen. Suche in deinem eigenen Leben nach Grunderfahrungen, wie sie auf den Bildern des Tarots dargestellt sind. Wann und wie wurdest du z. B. mit Karte 13, dem Tod konfrontiert? Wo in deinem Leben verbirgt sich Karte 15, der Teufel? Hast du Erfahrungen gemacht, die Karte 16, dem Turm, entsprechen? Und welches Thema ist im Augenblick aktuell?

Wie man Ängste und Aggressionen beseitigt

Krankhaft aggressive Menschen sind unfähig zur Kommunikation und somit unfähig zur Lebensbewältigung. Ein Großteil ihrer Misserfolge lässt sich direkt auf ihr aggressives Wesen zurückführen. Ängstlichen Menschen ergeht es ähnlich. Sie fürchten sich vor Konflikten, Auseinandersetzungen und dem Klären von Situationen. Das Resultat ist, dass der ängstliche Mensch auf der Stelle tritt und keine Fortschritte macht.
Jeder kennt Situationen, die er fürchtet, und jeder ist auch ab und zu mal „geladen". Dennoch sind beides schlechte Voraussetzungen zur Bewältigung schwieriger Situationen, und für beide Fälle gibt es effektive Lösungen.
Beginnen wir mit der Angst.

★ **Beispiel:** Stell dir vor, du bist dazu gezwungen, mutterseelenallein in ein weit entferntes Land auszuwandern, dessen Sprache du nicht verstehst und das du nie zuvor besucht hast. Du sollst dir dort eine Wohnung suchen, dann auf Arbeitssuche gehen, du sollst dort essen, leben, dich wohl fühlen. Der Gedanke macht dir Angst – und zwar deshalb, weil du die Situation zuvor nie *erlebt* hast.
Stell dir nun vor, das Szenario wäre dir bereits vertraut, weil du es aus Erfahrung kennst. Der Grad deiner Angst wäre deutlich geringer. Auf ähnliche Weise leiden meist nur solche Menschen unter Flugangst, die noch nie in einem Flugzeug gesessen haben; und vor Hunden fürchten sich oft nur die, die mit Hunden keine Erfahrung haben.
Angst, die sich auf ein künftiges Ereignis bezieht, ist meist die Angst vor dem *Unbekannten*. Eine Lösung bestünde also darin, aus dem Unbekannten etwas *Bekanntes* zu machen. Da man jedoch die Vergangenheit nicht beeinflussen kann, mutet diese Aufgabenstellung zunächst unmöglich an.
Vor einigen Jahren führten Wissenschaftler eine Reihe von Untersuchungen durch, bei denen sie Sportschüler – z. B. junge Leute, die das Reiten lernen wollten – in drei Gruppen aufteilten: Der ersten Gruppe war es verboten, zu trainieren. Die zweite Gruppe ging täglich zum Training. Die dritte Gruppe erhielt die Anweisung, nur im Geiste zu trainieren, also ihre Trainingsstunden als eine Art „inneren Film" zu absolvieren, körperlich jedoch nicht aktiv zu werden.
Die Ergebnisse waren verblüffend: Die erste Gruppe machte natürlich keine Fortschritte – wie sollten sie auch? Die zweite Gruppe konnte mit Fortschritten aufwarten, die ihrem Trainingsaufwand angemessen waren – auch dies verwundert nicht. Was jedoch die dritte Gruppe anbelangt, so versetzte sie die Versuchsleiter in pures Erstaunen: Sie lag mit ihren Fortschritten nur unwe-

sentlich hinter der zweiten Gruppe zurück – und was noch mehr verwunderte: Ihr Körper bildete – ähnlich wie bei den Versuchspersonen der zweiten Gruppe – entsprechende Muskeln aus.

Unser Unterbewusstsein, das zu einem großen Teil die Geschicke unseres Lebens lenkt, kann nicht unterscheiden, ob wir eine Sache real erleben oder nur in der Fantasie. Es nimmt zur Kenntnis und speichert ab. Deshalb lässt es sich bei Situationen wie der oben geschilderten leicht übertölpeln. Wenn es nun darum geht, eine unvertraute Situation, die wir fürchten, zu etwas Vertrautem zu machen, brauchen wir unserem Unterbewusstsein nur einzureden, sie sei uns vertraut.

Dies tun wir am besten, indem wir sie als kleinen Film vor unserem inneren Auge ablaufen lassen – und zwar *i*mmer und immer wieder. Beim ersten Film werden wir nahezu genau den Grad an Angst verspüren, wie es der Real-Situation entspräche. Beim zweiten Mal wird die Angst eine Spur geringer sein, beim dritten Mal noch geringer, usw. Wir lassen die Szene also so oft vor unserem geistigen Auge ablaufen, bis wir sie gleichmütig und nahezu gelangweilt zur Kenntnis nehmen können. In diesem Moment haben wir die Angst vor der Situation besiegt.

★ **Beispiel:** Du musst zu einem Vorstellungsgespräch und fühlst dich ziemlich unsicher: Vielleicht, weil der Personalchef für seine fiesen Fragen bekannt ist, vielleicht aber auch, weil du bei Gesprächen mit Autoritäten zu Nervosität, Schweißausbrüchen und banalen Antworten neigst. Versuch es mit der Film-Methode. Ob du deine Angst bereits beim zehnten Durchgang verlierst oder erst beim fünfzigsten, spielt keine Rolle. Spiel das Spiel zu Ende. Der Erfolg wird den Aufwand lohnen.

Wenn du kein Angst-, sondern ein Aggressionsproblem hast, geh auf die gleiche Weise vor. Im ersten Film wirst du noch mächtig böse sein, die Faust auf den Tisch hauen, Unflätigkeiten äußern, dich völlig daneben benehmen. Im zweiten Film trittst du schon gelassener auf, wenn auch bei weitem noch nicht salonfähig. Übe immer weiter. Irgendwann hast du deine Aggression „zerrieben“ und bist nun reif für den großen Auftritt in der Realität.

Du kannst es dir vorstellen wie die Proben zu einem Stück. Der letzte Auftritt, den du durchlebst, wäre die Generalprobe. Da muss deine Rolle wirklich „sitzen“.

Die Methode ist universal anwendbar: bei Blind Dates, bei Prüfungen, bei Gerichtsverhandlungen, bei wichtigen Aussprachen, bei Nachtwanderungen, sportlichen Herausforderungen usw. Es funktioniert immer.

Wichtig ist, dass du die Szenen wirklich innerlich „erlebst“ und nicht die Rolle eines Zuschauers, sondern eines aktiven Teilnehmers einnimmst. Versuche, alles so plastisch wie möglich „nachzubauen“ und dabei so viele Sinneseindrücke wie möglich aufzunehmen: Die Farbe der Tapeten, der Geruch im Raum, die Empfindung deiner Körperorgane und Gliedmaßen usw. Nur wenn es dir gelingt, wirklich emotional „dabei“ zu sein, kann die Methode für dich wirken.[23]

Übungen

1. Notiere drei wichtige Ereignisse, die dich im kommenden Jahr erwarten. Hast du irgendwelche Probleme damit? Fürchtest du dich vor etwas? Gibt es Situationen, die eine innere Balance erfordern, die sich bei dir noch nicht ausgebildet hat? Dann versuche es mit der Film-Methode. Vergiss dabei nicht, mit allen Sinnen dabei zu sein.
2. Zur Übung kannst du die Film-Methode auch vor geringfügigeren Ereignissen anwenden. Du siehst dann, dass sie funktioniert, und kannst bei wichtigeren Angelegenheiten entspannter damit umgehen.

[23] Als ich diese Technik Ende der neunziger Jahre in einem Kurs lehrte, war mir nicht klar, an welchem Defizit an Fantasie viele Menschen leiden. Manche Kursteilnehmer guckten mich an, als hätte ich sie darum gebeten, eine anstrengende Übung am Reck auszuführen. Dabei ging es nur um das Entwerfen innerer Bilder bzw. Filmszenen.

Wie man zerbrochene Beziehungen repariert

Der Geschmack einer Madeleine, in Tee getaucht, ruft beim Erzähler von Prousts „Auf der Suche nach der verlorenen Zeit“ Glücksgefühle hervor, weil das Aroma Zeiten der Unbeschwertheit und des kindlichen Glücks auferstehen lässt. Wo auch immer von Proust die Rede ist, wendet sich das Gespräch früher oder später diesem Madeleine-Phänomen zu. Kein Wunder – es steckt darin eine tiefe Wahrheit.

Sinneseindrücke sind Erinnerungsträger. Und der Geschmackssinn, wie bei Proust geschildert, zählt sogar noch zu den weniger intensiven „Lockmitteln“. Auch optische Eindrücke rangieren eher im unteren Bereich der Skala. Die stärksten Erinnerungsträger, die es uns ermöglichen, Erinnerungen auf sehr intensive Weise zurückzurufen, sind *Düfte* und *Melodien.* Sie wirken fast unwiderstehlich. Du bist in einer Bar, jemand wirft eine Münze in die Jukebox, und es ertönt jener Song, den du fast täglich hörtest, als du mit 14 zum ersten Mal verliebt warst. Du wirst augenblicklich „abheben“. Oder du streifst durch eine Stadt, allerlei Düfte wehen dir um die Nase, von Wurstküche über Schweiß bis hin zu Benzin, und auf einmal ist es da: das Parfüm, das jene Frau benutzte, die vor Jahren wie ein Phantom in dein Leben trat und wieder verschwand. Mit dem Duft wird eine ganze Ära wieder lebendig.

Wer je an gebrochenem Herzen litt, weiß außerdem, dass man am traurigsten ist, wenn man allein an Orte zurückkehrt, die man früher gemeinsam aufzusuchen pflegte: Ein Restaurant, in dem man regelmäßig zusammen speiste, wirkt öde und verwaist, wenn man dort allein zu Tisch sitzt. Eine Bank im Park, die man stets zu zweit frequentierte, verursacht sehnsüchtige Schauer, wenn man allein dort zusieht, wie das Herbstlaub fällt. In solchen Momenten kommt es vor, dass wir uns nach Menschen zurücksehnen, die in unserer Gegenwart eigentlich keinen Platz mehr haben.

Nicht jede zerbrochene Beziehung ist reparabel. Und häufig ist eine solche Reparatur auch nicht empfehlenswert. Bevor du die Methode anwendest, die ich dir gleich vorschlagen werde, überleg dir gut, ob es wirklich sinnvoll ist, einen Menschen, der deine Vergangenheit bewohnte, in deine Gegenwart zurückzulocken.

Häufig sind nur die ersten Tage schön. Dann riecht das Ganze nach „Aufgewärmtem“, und du stellst fest, der Mensch von damals ist zwar wieder da, aber er hat sich verändert. Er ist Teil von neuen Welten geworden, erzählt von Dingen, die dir nichts sagen, hat neue Hobbys und Interessen. Auch die Kulisse ist nicht mehr dieselbe: Man ist umgezogen, arbeitet woanders, Häuser wurden abgerissen, Straßen saniert, die alte Linde im Park fiel dem Beil zum Opfer. Es ist nicht möglich, alte Zeiten wirklich wiederkehren zu lassen.

Die beste Methode, um die Glücksgefühle von damals wieder zu verspüren, besteht darin, neue Welten zu erschaffen, sie zu beleben und zu bevölkern.

☛ **Beispiel:** Ende der achtziger Jahre lebte ich eine Zeit lang bei Verwandten in Short Hills/NJ. Zwei Häuser weiter wohnte ein 17-jähriger Junge namens Trevor, den ich als wirklich vielversprechend empfand. Er schrieb Gedichte, liebte Tiere, hatte ein Faible für Geschichte und erwies sich in allen Belangen als klug und findig. Also freundete ich mich mit ihm an, holte ihn oft von der Schule ab, und wir diskutierten über Mark Twain und John Steinbeck, machten lange Wanderungen durch die Natur oder stürzten uns ins New Yorker Nachtleben. Im Herbst jedoch, als ich nach Deutschland zurückkehrte, trennten sich unsere Wege.
Bis zu meinem nächsten Trip in die Staaten vergingen mehrere Jahre. Und schon bei meiner Ankunft fiel mir auf, wie die alten Gemäuer, die Wiesen und Hügel rund um Short Hills, aber auch der Dunst in den Straßen von New York mich an die Zeit mit Trevor erinnerten. Meine Sehnsucht, das alles noch einmal zu erleben, war überwältigend. Man sagte mir, Trevor wohne jetzt in Albany, und ich rief ihn an und lud ihn für einen Tag zu mir ein.
Er war noch immer nett, gebildet und intelligent. Er hatte es auch zu etwas gebracht: War jetzt Maschinenbau-Ingenieur und verdiente eine Menge Geld. Noch immer liebte er *Root Beer*, rothaarige Mädchen und *Genesis*, und auch sein Sinn für Ironie war ungebrochen.
Trotzdem war etwas anders geworden: Ich war nicht mehr der „große Bruder", und er nicht mehr das „kleine Wunderkind". Zwei Erwachsene mit sehr erwachsenen Gedanken im Kopf standen sich gegenüber, und als wir wie in alten Tagen in Allen's Fischrestaurant an der 46. Straße gehen wollten, hing dort ein verblichenes Schild mit der Aufschrift „Closed". Als ich Trevor fragte, ob der Augustregen in New Jersey noch immer nach Waldmeister schmecke, konnte er sich nicht mal erinnern, das je gesagt zu haben. Und von seiner Großmutter, die uns an heißen Tagen mit selbstgemachter Fliederlimonade versorgt hatte, war nur ein Kreuz auf dem Cemetery Saint Rose geblieben.
Überleg dir also gut, welche Geister du wecken willst. Denk daran: Spuk ist Spuk. Ansonsten gehe wie folgt vor:

- Lade die Person, die du zurückgewinnen willst, an einen Ort ein, den ihr während eurer gemeinsamen Tage oft besucht habt. Erinnere dich dabei an winzige Details: Wenn du damals immer Gummibärchen eingesteckt hattest, die ihr unterwegs gemeinsam naschtet, tu es jetzt auch. Wenn ihr damals auf euren abendlichen Heimwegen über die Milchstraße philosophiert habt, tut es jetzt auch. Lauter kleine Erinnerungsträger, die du sanft ausstreuen solltest wie Perlen.

- Verwende bewusst das gleiche Parfüm wie damals (auch wenn du es längst nicht mehr benutzt). Wie erwähnt, sind Gerüche (neben Melodien) die stärksten Erinnerungsträger. Falls dir weitere Möglichkeiten einfallen, die Macht von Düften einzusetzen, wende sie an. Und scheue dich nicht, zuvor Patrick Süskinds „Parfüm“ zu lesen.
- Wenn möglich, lade die betreffende Person nachher in deine Wohnung ein und leg die alten Platten von damals auf. Vielleicht gibt es ja einen Titel, den ihr sofort als „euer Lied“ identifizieren werdet. In solchen Momenten kommt es oft vor, dass Gefühlsschwerpunkte sich in die Intimsphäre verlagern.

Eine Erfolgsgarantie kann ich leider nicht abgeben. Manchmal ist die Kraft der Vergänglichkeit einfach stärker. Die Chance zumindest, die aus deinem Leben entschwundene Person überhaupt noch einmal für dich begeistern zu können, steigt enorm.

Übungen

1. Krame aus deiner Sammlung ein paar alte Platten und CDs hervor und finde heraus, an welche Zeiten und Personen deines Lebens sie dich erinnern. Gibt es eine verschollene Liebe, die du gern zurückerobern würdest? Dann hast du einen Teil des Handwerkszeugs bereits vor dir liegen.
2. Vergewissere dich der Intensität von Düften als Erinnerungsträger, indem du in deiner Wohnung auf die Suche nach alten, halbleeren Parfümfläschchen gehst oder in einer Parfümerie an Düften schnupperst, die du zu einer gewissen Zeit deines Lebens selbst benutzt hast. Woran erinnern sie dich? Welches Selbstbild von dir verbindest du mit ihnen? Würden sie heute noch zu dir passen? Wärst du gern wieder der, der du damals warst?
3. Nimm dir einen Tag lang Zeit und fahre mit dem Zug an einen Ort, den du früher regelmäßig, dann aber nie wieder aufgesucht hast. Auch ein Rundgang durch deine alte Schule bietet sich an. Denk an die Abenteuer, Intrigen und Romanzen, die du dort erlebt hast. Verspürst du Sehnsucht nach irgendwem oder irgendwas? Siehst du eine Chance, es zurückzugewinnen? Lohnt es sich überhaupt, oder ist es zu riskant?

Wie man ein kluger Zauberer wird

Am Anfang jeder potentiellen Realitätserschaffung (sprich: magischen Operation) steht eine Form von Unzufriedenheit. Man ist unzufrieden mit seinem Job, seiner Ehe, seinen Finanzen und nimmt sich vor, etwas dagegen zu tun. Mal davon abgesehen, dass viele Menschen sich aus einer einfältigen Orthodoxie heraus mit Magie gar nicht erst einlassen, bleibt dennoch ein beträchtlicher Rest, der zwar weiß, dass Magie funktioniert, selbst aber nie irgendwelche Resultate erzielt. Was ist der Grund?

Ich sage es noch einmal: Am Anfang jeder potentiellen Realitätserschaffung steht eine Form von Unzufriedenheit. Diese Unzufriedenheit allein bewirkt noch nichts; ihr Energiepotential muss umgewandelt werden in etwas, das zu konstruktiver Veränderung führt. Bei den meisten Menschen ist der nächste Schritt – die Unmutsäußerung – auch der letzte. Sie sagen: „Ich bin in meinem Wohnort unglücklich." Und vielleicht können sie sich auch noch durchringen zur nächsten Stufe, der schwammigen Zielsetzung: „Ich will woanders wohnen." Natürlich bleiben sie, wo sie sind.

Magie kann nur funktionieren, wenn man seine Wünsche konkretisiert. „Ich will woanders wohnen" ist kein konkreter Wunsch; er deutet exemplarisch auf die häufigste Schwachstelle hin, die bei magischen Operationen auftritt. Menschen gehen in ihre Ritualkammer[24] und sagen: „Ich will woanders wohnen." Einer solchen Formulierung wohnt keinerlei Kraft inne.

Was würdest du als Taxifahrer machen, wenn ein Fahrgast in deinen Wagen steigen und zu dir sagen würde: „Fahren Sie mich woanders hin." Du würdest ihn nicht ernst nehmen. Gut, vielleicht würdest du mit ihm drauf losfahren und ihn in einer beliebigen Straße abliefern, von der du weder weißt, ob es ihm dort gefällt, noch ob er dort dein Auto auch wirklich verlassen möchte. Vielleicht würdest du aber auch sagen: „Steigen Sie lieber aus." So oder so ähnlich reagiert das Universum.

Unzufrieden sind sie alle. Unmutsäußerungen geben sie alle von sich. Aber so gut wie keiner hat einen Plan für sein Leben. Nicht umsonst gilt der „Mangel an Perspektiven" als eine der schweren Satanischen Sünden. Satanische Sünden sind Verhaltensweisen, die sich selbst rächen. Es sind keine Sünden, die irgendein guter oder böser Gott bestraft, sondern es sind Handlungsmuster,

[24] Wie man ein Ritual der Höheren Magie durchführt, wird in vorliegendem Buch, das sich vor allem mit „Lesser Magic" beschäftigt, nicht beschrieben. Ausführliche Anleitungen finden sich in Anton LaVeys „Satanischer Bibel" sowie in meinem Buch „Satans Handbuch".

die sich als unkonstruktiv erweisen und den Betreffenden zu Rückschritten anstelle von Fortschritten führen.
Die meisten Menschen haben keine Perspektive. Sie wissen nur, was an ihrem Leben verbesserungswürdig ist, haben aber keine Ahnung, *wie* sie es verbessern könnten. Sie machen sich auch nicht die Mühe, darüber nachzudenken. Sie suhlen sich in ihrem Elend und meinen, ohne jeglichen Denkprozess Veränderungen bewirken zu können. So aber funktionieren weder das Leben noch die Magie.
Dein Wille ist unbegrenzt im Rahmen der Naturgesetze. Du kannst so ziemlich alles haben, was du willst. Aber du darfst dich nicht verhalten wie ein Junkie, der keinen klaren Gedanken fassen kann. Wenn du der Gott deines eigenen Lebens sein willst, musst du dich auch wie ein Gott verhalten. Der Gott des Alten Testaments zum Beispiel sagte nicht: „Meine Güte, hier ist es aber dunkel, das gefällt mir gar nicht, da müsste man vielleicht was dagegen tun." Er sagte vielmehr: „Es werde Licht." Die Absichtserklärung eines Schöpfers zeichnet sich aus durch ihre *Bestimmtheit* und *Genauigkeit*.

★ **Beispiel:** Zurück zu unserem speziellen Fall. Du bist nicht glücklich, wo du wohnst. Du willst woanders hin. Aber wohin? Wohin willst du? Nach Berlin? Nach Kopenhagen? Nach San Francisco? Nach Kleinlosnitz an der Schliere? Sprich es einfach aus.
Du willst einen neuen Job. Gut, als was? Als Ingenieur? Als Filmemacher? Als Milchmann? Sei präzise. Wie viel willst du verdienen? Eintausend, zweitausend, dreitausend pro Woche? Sag nicht: eine Million, du weißt, dass so etwas Quatsch ist; du kannst eine solche Absichtserklärung gar nicht mit ausreichend Energie laden. Verdiene erst mal, was du brauchst, dann bist du vielleicht irgendwann so abgebrüht, dir auch das herbeizuwünschen, was du nicht brauchst. Magie ist keine Show mit dem Titel „Wer wird Millionär?"
Du willst einen neuen Partner. Okay, was soll er in dein Leben bringen? Sex in Hülle und Fülle? Sicherheit? Ist sein Aussehen egal? Darf er alt, verschrumpelt und asthmatisch sein, wenn er nur genug Knete auf dem Konto hat? Was, auf keinen Fall? Das hattest du aber nicht gesagt. Woher soll Satan wissen, welche Bilder in deinem Schädel herumspuken?
Entwirf einen Zukunftsplan. Wenn du fertig bist, such dir *einen* Wunsch aus und präzisiere ihn. Wandle ihn um in eine Absichtserklärung und gib ihn frei. Sei jemand, der auf sich und andere den Eindruck erweckt, zu wissen, was er will. Die nicht wissen, was sie wollen, fallen zu Recht durchs Raster.
Vor allem: Überleg dir immer, ob deine Präzisierungen nicht destruktiv für deine eigene Person sind. Viele Kids z. B. wünschen sich, reich und berühmt zu werden. Reich mag ja okay sein – aber berühmt? Man sollte zweimal

darüber nachdenken. Berühmt sein heißt: Paparazzi vor der Wohnungstür, ständig im Visier der Boulevardpresse stehen, kein entspanntes Einkaufen mehr im Supermarkt, letztlich eine Form von erzwungener Einsamkeit und auf dem Weg dorthin ein omnipräsentes, geschäftstüchtiges Management, das dir vorgibt, *wann* und *wo* und *wie oft* du *was* zu tun hast. Mein Ding wäre das nicht.
Und selbst der Begriff „reich“ bedeutet nichts, sofern nicht eine konkrete Vorstellung ihn präzisiert. Ich würde mich nicht reich fühlen, wenn ich als Rocksänger genügend Geld hätte, um meine gesamte, aus Hunderten von Anzügen bestehende Garderobe mit auf jede Tournee zu nehmen – ich käme mir, gelinde gesagt, nur bescheuert vor. Wo die Höhe des Reichtums das Nutzungspotential des Besitzers übersteigt, entstehen Schwarze Löcher, in denen es sehr leer und fad werden kann.

Übungen

1. Nimm ein Blatt Papier. Notiere dir zehn Wünsche. Dann ordne sie nach Wichtigkeit, wobei der wichtigste Wunsch an erster Stelle steht. Schreibe diesen Wunsch auf ein neues Blatt Papier, den ersten Zettel falte zusammen und bewahre ihn gut auf. Widme dich jetzt *diesem einen* Wunsch. Präzisiere ihn so gut wie möglich. Mit Präzision ist gemeint, das Objekt deiner Wünsche näher zu bestimmen, ohne dich dabei in sinnlose Details zu verlieren. Wenn du einen Mann willst, der einen Meter achtzig groß, dunkelhaarig, sportlich und intelligent ist, bietet die Welt der Formen dir einen gewissen Pool. Wenn als vierte Eigenschaft hinzukommt „Er sollte aus Wunsiedel stammen“, schrumpft dieser Pool gewaltig. Stellt sich also die Frage: Wie wichtig ist Wunsiedel, und wie viele potentielle Männer bleiben dann noch übrig?
2. Hast du Übung 1 gemacht, kennst du dein genaues Ziel. Nun brauchst du eine Landkarte, die dir verrät, wie du dahin gelangst. Die musst du dir selbst zeichnen, denn es gibt nicht nur einen Weg. Ob du ein magisches Ritual zur Unterstützung ausführen willst, entscheidest du selbst. In LaVeys „Satanischer Bibel“ und meinem Buch „Im Schein der Schwarzen Flamme“ stehen ein paar Anregungen. Wichtig ist, dass du kurz darüber nachdenkst, wie die Welt aussehen wird, wenn dein Wunsch sich erfüllt hat, und die entsprechenden Emotionen in dir entstehen lässt. Das ist für viele, deren Fantasie verkümmert ist, der ultimative „point of return“; ge-

rade dieser Schritt jedoch ist unglaublich wichtig. Wenn du nicht in der Lage bist, Emotionen zu erzeugen, für die noch gar kein Grund besteht, wirst du scheitern. In *Satans Neuem Testament* heißt es: „Wenn du den Duft einer Blume riechen kannst, wo gar keine Blume wächst, werden dort, wo du ihn gerochen hast, echte Blumen wachsen.“[25]

3. Wenn dein Wunsch sich erfüllt hat, nimm deine erste Liste wieder zur Hand und mache dich an Punkt 2. Ist er überhaupt noch wichtig? Oder ist er in der Rangfolge nach unten gerutscht? Gibt es Wünsche, die du jetzt streichen und gegen andere ersetzen würdest? Denk daran, dass mit jedem erfüllten Wunsch sich deine gesamte Lebenssituation verändert, wodurch Schwerpunkte sich verschieben.

[25] Aus: *Satans Neues Testament*, enthalten in: Oliver Fehn, *Die Schule des Teufels*, Bohmeier Verlag Leipzig 2003.

Wie man seine Probleme dem „Universum" übergibt

Eins der besten Zauberbücher der Welt stammt von einer bayerischen Frau namens Bärbel Mohr und hat den locker-flockigen Titel „Bestellungen beim Universum". Es enthält *die* Formel, auf einen Nenner gebracht, und lässt sich in einem einzigen Satz zusammenfassen: „Wenn du etwas formulierst, hast du im Grunde bereits mit Erschaffen begonnen."

Natürlich muss deine Formulierung von Willen getragen sein. „Mach mal das Licht an" ist noch keine Magie, *„Es werde Licht!"* schon eher. Für Bärbel Mohr reicht es, seinen Wunsch als „Bestellung" auszusprechen, und wer Lust hat, kann die Aktion mit ein wenig rituellem Firlefanz aufpeppen. Dass der zeremonielle Anteil für viele Magie-Neulinge unverzichtbarer ist als die Autorin glaubt, ist leider ein Manko des Buches. Interessant aber ist die Frage: Was *meint* Bärbel Mohr eigentlich, wenn sie vom Universum spricht?

Für uns ist das Universum der Kosmos. Die Planetensysteme und Galaxien und Sternhaufen, die im riesigen Weltall milliardenfach existieren. Kann es sein, dass diese toten Gesteinsbrocken etwas mit der Erfüllung unserer Wünsche zu tun haben?

Der Begriff Universum lässt sich auch anders deuten – nämlich als „alles, was ist". Dahinter zeichnet sich der Gedanke ab, dass alles Existierende miteinander verbunden ist; einen Zustand des vollkommenen Isoliertseins gibt es nicht. Selbst der Eremit, der in seiner Höhle im Tibet keinerlei Kontakt zur Welt pflegt, ist mit ihr verbunden über die Steine, auf denen er schläft, das Wasser, das er trinkt, die Erde unter seinen Füßen.

Wenn aber alles miteinander verbunden ist, dann ist jede Veränderung der Realität ein Eingriff in das Gesamtgefüge. Es ist wie bei einem Mikado-Spiel: Du ziehst die unterste Nadel hervor, und das ganze System wankt. Es ist ein weit verbreiteter Trugschluss, dass einzelne Komponenten der Realität sich verändern lassen, ohne dass es gleichzeitig zu Veränderungen an anderer Stelle kommt – und zwar zeitunabhängig. Das heißt: Gelegentlich kommt es vor, dass dein Wunsch etwas mehr Zeit benötigt, weil sich zuvor an anderer Stelle ein paar Dinge ereignen müssen, ohne die deine gewünschte Realität nicht stattfinden kann. Da du als Einzelperson unmöglich wissen kannst, um welche Veränderungen es sich dabei handelt, musst du also ins „System" vordringen, wo jedes noch so kleine Faktum aufgezeichnet ist. Mit anderen Worten: Du musst Kontakt aufnehmen zu *allem*, was ist. Du musst dich ans Universum wenden.

Das Universum ist kein Ort, wo du deine „Bestellung" hinschickst, es ist: alle Orte, alle Punkte, die in Raum und Zeit existieren. Dort spürt dein Wunsch – wie der schnüffelnde Lycos-Hund – die Gegebenheiten auf, an denen Korrek-

turen durchgeführt werden müssen, um deine Lebens-Korrektur zu ermöglichen.
Sich ans „Universum" zu wenden, bedeutet auch: Vorübergehend nicht selbst nach Lösungen zu suchen. In der Regel greift man auf Magie zurück, wenn Dinge auf herkömmlichem Wege nicht zu erreichen waren. Man hat also bereits das eine oder andere probiert, nur ohne Erfolg. Hat man sein Anliegen dem „Universum" übergeben, empfiehlt es sich, die Dinge einfach geschehen zu lassen und so wenig wie möglich darüber nachzudenken. Jetzt sind die „großen Mächte" am Werk – die dunkle Kraft im Universum, die wir als Satan bezeichnen.
Was unterscheidet jenen Satan von dem, was Menschen sich unter Gott vorstellen? Zunächst einmal: Dass jene Kraft dich so lange übersieht, bis du dich mit ihr verbindest. Gott wird ein Wille zugeschrieben, Satans Wille aber ist *dein* Wille. In einem Text habe ich es einmal mit einer Gastherme verglichen: Das Gas, sprich: die Energie ist immer vorhanden, aber in deiner Wohnung bleibt es kalt, bis du sie mit DEINEM Funken entzündest und für DICH persönlich nutzt. Hast du diese Verbindung hergestellt, geschieht DEIN Wille: Es wird warm in der Wohnung. Die Energie namens Gas sagt nicht: Heute habe ich keine Lust, oder: Du hast gesündigt, deswegen sollst du frieren. DEIN Wille geschieht. Das ist das Geheimnis der „Schwarzen Flamme".
Satan bedeutet also nicht, wie viele meinen: „Das Böse tun" oder „Das Gegenteil von dem tun, was Gott will", sondern: Meinen eigenen Willen durch Ankoppelung an jene dunkle Urkraft in Realität umzuwandeln, ohne mich von irgendwelchen von Menschengeist erdachten Definitionen des Begriffes „Gott" irritieren zu lassen. Die Kraft, die wir als Gott bezeichnen können, ist dieselbe Kraft, die wir auch als Satan bezeichnen. Alles andere sind menschlich-allzumenschliche Projektionen.
Sei dir im Klaren darüber, dass du in jedem Augenblick, den du der Verwirklichung deiner Sehnsüchte widmest, Satanisch handelst. Und wenn es dir hilft, stell dir die „Schicksalswerkstatt" ruhig in jenen Bildern vor, die der Begriff „Universum" bei dir wachruft: Spiralnebel, leuchtende Kometen, gewaltige Explosionen usw. Alles, was dir hilft, darfst du verwenden.
Ich erinnere mich an einen Traum, den ich als junger Mann einmal hatte: Ich flog mit einem Raumschiff durchs All, und eine Stimme sagte mir: Gleich erreichst du die *Quintessenz* des Universums. Kurz darauf sah ich ein Sternbild, bestehend aus zehn Himmelskörpern von der Größe unseres Mondes, angeordnet nach dem Muster der Sephiroth im kabbalistischen Baum des Lebens, und sogar in den Original-Farben leuchtend. Der Traum sagte mir: Die Quintessenz des Universums ist jener Lebensbaum. Wenn du weit genug reist,

Billiarden von Lichtjahren, begegnet dir irgendwo jene rätselhafte Glyphe aus zehn Lichtern, die jüdische Mystiker „Otz Chi'im“ nennen.
Den Gag nicht kapiert? Gut, ich erkläre ihn: Der Lebensbaum ist ein uraltes Symbol für die Magie des Erschaffens und Veränderns.

Übungen

1. Wie stellst du dir persönlich die „Schicksalswerkstatt“ vor? Welches Bild ist für dich hilfreich? Ein Schloss, wo Elfen, Zwerge und Hexen große Schicksals-Landkarten erstellen, brodelnde Elixiere brauen und Donner und Blitz zu Hilfe rufen? Oder das wirkliche Universum mit seinen Galaxien und Milliarden von Sternen? Wenn du willst, entwirf dir deine eigenen Bilder. Magie funktioniert optimal, wenn man mit *allen* Sinnen arbeitet.
2. Kannst du dich an ein Ereignis aus deinem Leben erinnern, wo eine scheinbare „Verkettung von Zufällen“ zu einer wirklichen Veränderung führte? Hast du diese vermeintlichen Zufälle jemals hinterfragt? War womöglich ein magischer Prozess am Laufen, der jene „Zufälle“ als wichtige Katalysatoren benötigte?

Wie man Alpha-Wellen im Gehirn erzeugt

Eigentlich laufen wir ziemlich mechanisch durchs Leben. Von den Eindrücken, die auf uns einstürmen, wählen wir unbewusst nur diejenigen aus, die wir für unsere Aktionen und Absichten *benötigen.* Das mag eine vernünftige Einrichtung der Natur sein; leider bewirkt sie auch, dass die Anzahl der empfangenen Bilder sich auf einem begrenzten Pegel bewegt.

Ein Versuch: Schließ die Augen und zähle mindestens sechzig Dinge auf, die sich in dem Raum befinden, wo du dich gerade aufhältst. Ich glaube nicht, dass dir so viele Dinge einfallen werden. Der Raum enthält aber garantiert *mehr* als sechzig Objekte, und du hast sie auch alle gesehen, du hast sie nur nicht bewusst wahrgenommen.

Das Experiment hinkt insofern, als du höchstwahrscheinlich zu Hause bist und von vielen Objekten einfach *weißt*, dass sie da sind. Andererseits lässt sich der Versuch schwer anderswo durchführen, da dir bereits vor dem Augenschließen bekannt ist, worauf er hinausläuft und du unter Umständen gerade durch das Vermeiden, dir Dinge bewusst anzusehen, sie sofort in deiner Erinnerung speichern würdest.

Wir reagieren nur auf Dinge, die wir als *Reiz* empfinden; was in diesem Pool an Reizen nicht enthalten ist, wird von uns schlichtweg übersehen. Wenn wir eine Frau sind, stellt ein hübscher Männerkörper gewiss einen Reiz dar, und falls wir irgendwo einem begegnen, werden wir uns noch eine Zeit lang daran erinnern. Keinerlei Erinnerung jedoch bleibt von den unscheinbaren Männern, die uns während des gleichen Spaziergangs vermutlich in großer Zahl über den Weg gelaufen sind.

Nicht nur attraktive Menschen aber fallen uns auf, sondern auch extrem hässliche, und auch sie bleiben uns im Gedächtnis haften. Man könnte sagen, dass außer den Dingen, die wir für unsere Aktionen und Absichten benötigen, auch solche unsere Aufmerksamkeit erregen, die gewissermaßen ein Extrem darstellen oder von uns als außergewöhnlich bzw. interessant empfunden werden.

Schriftsteller und Journalisten eignen sich mit wachsender Erfahrung eine andere Form von Wahrnehmung an: Sie versuchen, so viele Eindrücke wie möglich aufzunehmen und zu behalten. Der Journalist weiß nie, welches Detail er beim Schreiben seiner Reportage noch gebrauchen kann und entscheidet sich im Zweifelsfalle *für* das Festhalten. Falls er vorhat, seinen Lesern ein authentisches Ambiente zu vermitteln, bleibt ihm nichts anderes übrig.

Es gibt eine Übung, mit deren Hilfe wir nicht nur unser Bewusstsein schärfen, sondern auch eine entspannte Gemütsverfassung erzeugen können. Wenn wir sie lange genug ausführen, wird unsere Gehirntätigkeit von Alpha-Wellen dominiert – dem Zustand der „entspannten Wachheit". Alpha-Wellen bieten

die Idealbedingungen für Alltagsbewältigung, Problemlösung, Kommunikation, Arbeit usw. Wäre unser Wachbewusstsein von Alpha-Strömen dominiert, wären wir insgesamt selbstsicherer, intuitiver und kreativer.
Leider sind Alpha-Wellen beim hektischen Durchschnittsmenschen des 21. Jahrhunderts eher die Ausnahme. Viele Menschen brauchen Alkohol oder Drogen, um diesen Zustand noch erreichen zu können; die meisten „überspringen" ihn sogar und schaukeln sich sofort in einen Theta-Zustand (Dösigkeit, Nicht-voll-da-sein) oder in den Delta-Zustand des Schlafes hinein.
Viele Personen erzeugen in ihren Gehirnen fast fortwährend Beta-Wellen (angespannte Konzentration, erregte Kommunikation, „unter Strom stehen"). Wir brauchen diese Art von Gehirnwellen, um z. B. bei Stress- und Angstsituationen „voll da" (also geistesgegenwärtig) zu sein; bei vielen aber sind sie zum Normalzustand geworden: Immer auf dem Sprung, von Hektik getrieben, und unfähig, sich fallen zu lassen. Im Körper kommt es zur Ausschüttung von Hormonen, die eigentlich nur für „Spezialsituationen" gedacht sind. Mag sein, dass man auf diese Weise schneller, reaktionsfreudiger und wachsamer ist; insgesamt jedoch entspricht der Zustand einem permanenten Getriebensein, der z. B. tiefere Einsichten, philosophische Gedanken, kreative Ideenverbindungen etc. unmöglich macht.
Bei unserer Übung geht es darum, Alpha-Wellen zu erzeugen und den Zustand *entspannter* Aufmerksamkeit zu erreichen, was gleichzusetzen ist mit einer Schärfung des Bewusstseins. Nach der Übung fühlt man sich in der Regel gelöst; Ängste und Nervosität verschwinden; Aggressionen lösen sich auf; man ist – um es salopp auszudrücken – bestens in der Lage, ein Bild zu malen oder einen Song zu schreiben.
Und so funktioniert es: Geh auf einem Weg spazieren, den du schon sehr oft gegangen/gefahren bist. Es kann der Weg zum Arbeitsplatz, zum Supermarkt usw. sein. Du kannst den Weg auch mit dem Auto fahren. Wichtig ist, dass du versuchst, so viele neue Dinge wie möglich zu sehen, d. h. Objekte, die dir bisher nie aufgefallen sind. Es können Fassaden sein, Verzierungen, Werbeplakate, Feuerhydranten, Bushäuschen, Bäume, Erker, Tore, Gärten – nimm einfach auf. Achte dabei auch auf Farben, Formen, Licht- und Schatteneffekte. Du wirst staunen, was du bisher alles *nicht* gesehen hast. Du hast vermutlich neunzig Prozent der vorhandenen Details einfach ausgefiltert bzw. ignoriert. Mach diese Übung etwa eine Viertelstunde lang. Du wirst ein neues Verhältnis zum Sehen bekommen; du wirst vielleicht zum ersten Mal entdecken, was es heißt, voll wach zu sein. Die ständige Eindrucksflut von Dingen, die du völlig gelassen zur Kenntnis nehmen solltest, erzeugt in deinem Gehirn Alpha-Wellen. Du wirst gelassener. Du fühlst dich wohler. Du hast den Zu-

stand von entspannter Aufmerksamkeit erlangt, eine wichtige Voraussetzung für kreative Leistungen.
Später kannst du auch mit anderen Sinnesorganen üben: Mach einen Hör-Spaziergang (diesmal solltest du nicht aufs Auto ausweichen): Reifenquietschen, Hupen, Maschinenlärm, spielende Kinder, das Prasseln von Regen, Schuhsohlen auf dem Asphalt, Vogelgezwitscher, das Bellen eines Hundes, ein fernes Klavier – versuche, alle Details der dich umgebenden Geräuschkulisse wirklich wahrzunehmen. Oder geh durch die City und nimm bewusst sämtliche Gerüche auf, die dir begegnen: Frittenbude, das Parfüm von Frauen, Kanalisation, heißer Teer, frisches Obst auf dem Wochenmarkt, Schweiß, dampfender Kaffee – die Möglichkeiten sind unbegrenzt.
Nach einer Woche hast du deine Sinne so geschärft, dass du weitaus wacher durchs Leben gehst. Dir entgeht nicht mehr so viel. Du erinnerst dich besser an Gesichter, Kleider, Menschen, Stimmen. Du hast kapiert, dass es nicht einfach nur Bäume gibt, sondern Linden, Buchen, Birken, Tannen. Vielleicht bekommst du Lust, deine Eindrücke kreativ zu nutzen: indem du Geschichten schreibst, Bilder malst oder Songs komponierst. Ein optimaler Input führt auch zu einem optimalen Output.
Und was extrem wichtig ist: Du wirst Dinge *beschreiben* können, z. B. das Gesicht oder die körperlichen Merkmale einer Person. Ist dir schon mal aufgefallen, dass die meisten Leute jämmerlich versagen, wenn sie eine andere Person beschreiben sollen? Man bekommt in der Regel nur Gemeinplätze zu hören: „Ja, so blond halt, fährt 'nen BMW." Wer eine Person wirklich beschreiben kann, wird anderen von leuchtenden Augen, spöttisch zuckenden Lippen, spitzen Knien, Bratwurstfingern, gekünsteltem Lachen usw. erzählen können.
Diese Befähigung scheidet den Mob vom Künstlertum.

Übungen

1. Wähle drei Personen aus deinem Bekanntenkreis und versuche, sie zu beschreiben – nicht nur im Kopf, sondern auf dem Papier. Hast du dabei Probleme? Liest deine Beschreibung sich fad und eintönig? Dann versuche, bei eurer nächsten Begegnung genau hinzusehen, aber auch alle anderen Sinnesorgane zum Einsatz zu bringen. Was für eine Stimme hat der andere? Verströmt er einen charakteristischen Geruch? Hat er auffällige Gewohnheiten? Spleens? Tics? Wage dich dann erneut an eine Beschreibung und vergleiche sie mit der ersten.
2. Geh in dem Haus herum, in dem du lebst, und nimm so viele Eindrücke wie möglich auf. Hast du das Gefühl, dein Wohnhaus bisher gut gekannt zu haben? Oder sind da tausend Dinge, die du bisher übersehen hast? Kannst du etwas von der Schönheit und Ornamentik des Alltags erspüren? Wie lange dauert es, bis dein Gehirn auf Alpha-Wellen umschaltet?
3. Sieh dir einen Film an und achte bewusst auf die Bilder, mit denen der Regisseur beim Zuschauer Stimmungen erzeugt. Falls du Schwierigkeiten bei der Auswahl des Films hast, empfehle ich dir „August Rush“ (dt. „Der Klang des Herzens“), der in beträchtlichem Maße von optischen Stimmungen beherrscht wird. Denk an die ursprüngliche Absicht cineastischer Werke („Kintopp“), mit bewegten Bildern Gefühle zu erzeugen. Auch mit dieser Technik kannst du dein Gehirn auf Alpha umschalten.

Wie man sein Leben mit Sinn erfüllt

Was ist ein erfülltes Leben? Woran erkennt man ein Dasein, das es lohnt, am Morgen aufzustehen, zu duschen und sich anzuziehen? Stellen wir uns zur Verdeutlichung einen Groschenroman (z. B. „Jerry Cotton") sowie ein großes Werk der Weltliteratur vor, wie Thomas Manns „Zauberberg". Symbolisiert der Groschenroman das genormte Dasein des Normalbürgers, so steht der „Zauberberg" für ein Leben mit Niveau und Würze.

Groschenromane erscheinen wöchentlich; es gibt Millionen davon, und da die Verfasser dieser Romane von ihren Verlagen angewiesen werden, sich der meist nicht allzu anspruchsvollen Leserschaft zuliebe an ein starres Strickmuster zu halten, liest eins dieser Hefte sich wie das andere. Es gibt keine Überraschungen; es passiert nichts Außergewöhnliches; jede Wendung ist vorhersehbar; der Schreibstil meist dürftig und banal.

So ist das Leben von Otto Normalverbraucher.

Nehmen wir dagegen ein wirklich geniales Opus der Weltliteratur, so ist nicht nur die Handlung außergewöhnlich und einzigartig; das eigentliche „Ausschöpfen" des Buches beginnt im allgemeinen erst nach der Lektüre. Ein guter Roman wirft Fragen auf und führt zu Denkprozessen. Für ein sinnerfülltes Leben, das sich wirklich lohnt, gilt das auch.

Der Durchschnittsmensch braucht ständig Nachschub an „Action". *Quantitativ* gesehen erlebt er gewiss mehr als jemand, der ein eher versonnenes Dasein führt; *qualitativ* gesehen erlebt er gar nichts. Stell dir z. B. jemanden vor, der seinen Geschmackssinn verloren hat. Ihr beide sitzt an einem Tisch, und vor euch liegt eine köstliche Frucht. Dir steht nur eine Scheibe davon zu; der weitaus größere Rest gehört dem anderen. Wer von euch beiden wird trotzdem den größeren Genuss haben?

Der Person, die ihren Geschmackssinn verloren hat, mangelt es an spezifischen Rezeptoren; sie kann zwar essen, aber sie schmeckt nicht, was sie isst. Ganz ähnlich reagiert der Durchschnittsmensch auf die meisten Sinneseindrücke: Was er für sich daraus zieht, bleibt ohne Intensität; er verwertet und verarbeitet es nicht. Dieses Verwerten und Verarbeiten jedoch stellt den Sinn jeglichen Erlebens dar.

☛ **Beispiel:** Goethe ist viel gereist, und seine Reiseberichte lassen erkennen, dass er ein *bewusst* Reisender war. Seine Schilderungen Italiens gehören zu den Perlen der Weltliteratur. Wenn Horst Keuletumb, der Prolet aus Moabit, mit Frau und Kinderkröten die gleiche Reise unternimmt, mögen dabei *auch* Reiseberichte entstehen – nur mit dem Unterschied, dass sie von Besäufnis-

sen, Kotzorgien und Tittenschau handeln. Weil Horst Keuletumb die Rezeptoren fehlen. Weil er ein Behinderter ist.
Goethe und Keuletumb haben die gleiche Reise gemacht; Goethe hat etwas daraus gewonnen, Keuletumb nicht. Goethe hätte nicht mal in die nächste Ortschaft fahren müssen, um Keuletumb an Erkenntnissen zu übertreffen. Der Begnadete zieht aus einem Molekül mehr Erkenntnisse als der Prolet aus dem gesamten Universum.
Leuten wie Keuletumb ist nicht zu helfen, auch nicht mit tausend Lebenshilfe-Büchern. Die beste Pille gegen Kopfschmerzen versagt, wenn du des Schluckens nicht mächtig bist. Und wenn ein Geschwür an der Pobacke nur geheilt werden kann, indem man es mit der eigenen Zunge berührt, sind wir (mit Ausnahme von Gene Simmons) alle so hilflos wie Keuletumb, von dem wir uns hiermit verabschieden und ihn nie wiedertreffen wollen.
Ich gehe davon aus, dass du als Leser meiner Bücher ein gewisses Potential an Kreativität und Denkfähigkeit mitbringst. Mag sein, dass auch dein Leben im Moment eine Tretmühle ist, ein Muster ohne Höhepunkte, aber du *weißt* es zumindest. Ich gebe dir drei Tipps, wie du dein Leben mit mehr Sinn und Bedeutung erfüllen kannst und wie du jegliche Gefahr bannst, zum bloßen Konsumenten zu werden:

- Die erste Technik (auch von Vera Birkenbihl empfohlen); Such dir als erstes einen *Schlüsselbegriff*, den du mit Bezug auf dein eigenes Leben reflektieren möchtest: Reisen, Krankheit, Liebe, Tod, Sex, Trauer, Schicksal usw. Nimm den erstbesten Begriff, der es bei dir „funken" lässt. Beispiel: „Tod".

  Dann such dir in einem Zitatenschatz oder im Internet 30 verschiedene Zitate berühmter Persönlichkeiten zu ebenjenem Begriff. (Beispiel: „Das *Ende allen Lebens wäre des Todes Tod*." – Andreas Tenzer)

  Deine nächste Aufgabe besteht darin, dir jeden Tag *eines* dieser Zitate vorzunehmen und darüber nachzudenken. Von mir aus schreib den Text auf einen Zettel, den du immer bei dir trägst. Vertiefe dich darin – auf dem Klo, in der U-Bahn, beim Schlangestehen im Postamt, auf einem Spaziergang, vor dem Einschlafen. Setze dich mit dem Zitat auseinander. Gefällt es dir? Kannst du zustimmen? Oder lehnst du es ab? Wenn ja, warum? Wenn nein, was magst du daran? Welche neue Erkenntnis hast du gewonnen?

  Stell dir vor, du hast dich in der Tat 30 Tage lang mit dem Thema Tod beschäftigt. Am Ende des betreffenden Monats wirst du unzählige Erkenntnisse über das Thema gewonnen haben. Du hast es in dein System integriert und dir eigene Gedanken dazu gemacht. „Tod“ ist für dich keine unbekannte Größe mehr; er gehört jetzt zu deinen Spezialgebieten.

- Nutze die Kraft der Erinnerung. Erinnerungen – vor allem blasse Erinnerungen, die lange verschüttet waren – erzählen dir eine Menge über dich selbst, dein Verhältnis zum Schicksal und zum Leben, deinen Charakter und die Muster deines Daseins. Nutze dazu die im Kapitel „Wie man kreative Blockaden löst“ beschriebene Wörterbuch-Methode: Du schlägst ein Wörterbuch an einer bestimmten Stelle auf und tippst mit geschlossenen Augen auf ein Wort.

  ★ **Beispiel:** Du hast „Werkzeug“ getroffen. Du solltest unter Verwendung dieses Wortes jetzt eine Frage formulieren, die du frei bestimmen kannst.

  ★ **Beispiel:** „Wann konnte ich in meinem Leben mit einem Werkzeug besonders gut umgehen?“ Oder: „Wann habe ich einen Menschen nur als Werkzeug benutzt?“ Oder: „Was war das erste Werkzeug, mit dem ich gelernt habe, umzugehen?“

  ★ **Beispiel:** Du erhältst das Wort „Spuk“. Du kannst dich etwa fragen: „Wann habe ich je so etwas wie eine Spukerscheinung gehabt?“ Du musst dich aber nicht sklavisch an das Wort halten und kannst auch fragen: „Für welches Ereignis in meinem Leben habe ich nie eine natürliche Erklärung gefunden?“ Und auch Querdenken ist erlaubt: „Welches Geschehen habe ich als bösen Spuk empfunden und war dankbar, als es vorbei war?“

  Auf diese Weise durchpflügst du das Reich der Erinnerung. Es ist ein Ausflug zu Menschen, Dingen und Geschehnissen, an die du sonst vielleicht nie wieder gedacht hättest. Lerne, jede noch so kleine Erinnerung wertzuschätzen. Es sind Geschichten, die dir gehören und nur dir. Und versuche, dich stets so *genau* wie möglich zu erinnern. Rufe dir alle verfügbaren Sinneseindrücke zurück. Wenn du dir z. B. ein Ereignis wachrufst, bei dem du Angst hattest, ist deine Erinnerung am effektivsten, wenn du diese Angst erneut verspüren kannst.

  Es empfiehlt sich allerdings, zumindest am Anfang, mit möglichst *positiven* Geschehnissen zu arbeiten. Deine Reise in die Vergangenheit soll nicht zum Horror-Trip ausarten. Erst wenn die Erinnerungen an angenehme Vorkommnisse dich so weit gefestigt haben, dass du stark genug bist, dich auch mit den Schatten deiner Welt auseinander zu setzen, solltest du ab und zu ein Stück Finsternis mit einfließen lassen. Folge einfach deinem Gespür.

★ **Beispiel:** Dein Wort lautet „umarmen". Frag dich zunächst so etwas wie: „Wann war ich einmal so glücklich, dass ich am liebsten die ganze Welt umarmt hätte?" Später kannst du auch (mit der Querdenk-Methode) fragen: „Wann habe ich eine Person so geliebt, dass ich sie mit meiner Liebe fast erdrückt/erstickt hätte?"

Du wirst wachsen. Jeden Tag ein Stückchen mehr (ich empfehle täglich maximal eine halbe Stunde Erinnerungs-Therapie). Die „Archive" deines Lebens geben dir eine Menge Stoff zum Nachdenken und Verarbeiten. Du wirst kristalline Strukturen in deinem Leben erkennen, indem du z. B. vergleichst, wie du als Fünfzehnjähriger und als Fünfundzwanzigjähriger auf eine vergleichbare Situation reagiert hast.

- Lies Werke der Weltliteratur. Und lies sie nicht nur, sondern wachse an ihnen und wende sie auf dein Leben an. Kein ernsthafter Schriftsteller schreibt einen Roman nur zur Zerstreuung der Leserschaft. Er hat ein bestimmtes Anliegen. Es ist aber egal, was der Autor dir sagen *wollte*, falls du persönlich etwas anderes für dich herausliest. Auf jeden Fall gilt: Große Romane bleiben nie ohne Einfluss auf ihre Leser.

Besonders empfehlen sich dabei die Werke von „Meistern" wie Charles Dickens, Gustave Flaubert oder Thomas Mann. Sie sind der modernen Literatur oft vorzuziehen, nicht zuletzt auch, weil damals nicht nur „politisch korrekte" Werke die Chance hatten, in einem Publikumsverlag zu erscheinen. Ein moderner Autor z. B., der sich über die Juden ähnlich äußern würde wie Honoré de Balzac, würde in der Gutmenschengesellschaft sofort auf die soziale Stufe eines Parias verbannt werden. Wer also wirklich große, originelle, erhabene und nicht nur nachgeplapperte Gedanken lesen will, wird bei Goethe und Schiller häufiger fündig werden als in den Büchern, die heute die Bestsellerlisten anführen.

Häufig begegnen einem beim Lesen literarischer Werke auch alte Bekannte – der Nachbar, die Schwester, der Arbeitskollege, die ehemalige Geliebte. Es gibt nicht so viele unterschiedliche Menschentypen; bei den meisten lässt sich von einem Handlungsmuster auf zahlreiche andere schließen. So gesehen, „lernst" du durch das Lesen eines Romans wirklich eine Menge über die Menschen, die dein Leben bevölkern-.

Denken wir an Dostojewskis „Spieler“, der in seiner Suchtgetriebenheit nicht widerstehen kann, das Geld für die Medikamente seiner todkranken Mutter im nächsten Casino einzusetzen – und zu verspielen.

Erzählt uns eine solche Geschichte nicht mehr über die Widerwärtigkeit von Süchten als jedes groß angelegte staatliche Präventionsprogramm?

Übungen

1. Wähle zwölf Schlüsselbegriffe, die dich interessieren, dann gehe auf die Suche nach je 30 bis 31 Zitaten. Widme jedem der Zitate einen Tag deines Lebens. Es wird ein ganz besonderes Jahr für dich werden.
2. Nimm dir täglich eine halbe Stunde Zeit, um auf den Pfaden der Erinnerung zu wandeln. Bediene dich dabei der in diesem Kapitel beschriebenen Technik. Gibt es Begriffe, die Unbehagen in dir auslösen? Dann leg sie vorerst zur Seite, um sie dir nach einer angemessenen Frist, in der du dich vornehmlich mit angenehmen Erinnerungen auseinandergesetzt hast, mit besonderem Nachdruck vorzunehmen. Sie könnten Blockaden in deinem Leben aufzeigen, die dir bislang nicht bewusst waren.
3. Nimm dir vor, im folgenden Jahr sieben große Werke der Weltliteratur zu lesen und für dein Leben zu nutzen. Die Auswahl triffst du selbst; falls du Probleme hast, hier ein paar (nicht chronologisch geordnete) Vorschläge:
   - Thomas Mann, Der Zauberberg
   - Alain-Fournier, Der große Meaulnes
   - Charles Dickens, Oliver Twist
   - Gustave Flaubert, Madame Bovary
   - Jack London, Der Seewolf
   - Mark Twain, Tom Sawyer und Huckleberry Finn
   - Emily Brontë, Sturmhöhe
   - Honoré de Balzac, Vater Goriot

- Victor Hugo, Die Elenden
- Theodor Fontane, Effi Briest
- Émile Zola, Nana
- Johann Wolfgang Goethe, Faust
- Friedrich Nietzsche, Also sprach Zarathustra
- Guy de Maupassant, Bel Ami
- Franz Kafka, Erzählungen
- Oscar Wilde, Die Märchen
- John Steinbeck, Früchte des Zorns
- Hermann Hesse, Der Steppenwolf
- André Gide, Der Immoralist
- Elias Canetti, Die Blendung
- Jean Cocteau, Kinder der Nacht
- Henry David Thoreau, Walden
- Max Frisch, Stiller
- Harper Lee, Wer die Nachtigall stört
- Italo Calvino, Wenn ein Reisender in einer Winternacht
- Walter Kempowski, Hundstage

Wie man Schmerzen lindert

Mit der sogenannten spirituellen Heilung, zum Beispiel durch Handauflegen, haben die Freikirchen ihren größten Schnitt gemacht. Wer nur einmal auf einem *YouTub*e-Video den Hype beobachten konnte, der bei solchen Massenveranstaltungen amerikanischer TV-Prediger einen ganzen Pulk von Menschen völlig außer Kontrolle geraten ließ, hat eine Vorstellung von der suggestiven Macht religiöser Hysterie und braucht sich über das, was bei Exorzismen geschieht, nicht weiter zu wundern.

Auf dem Podium steht ein Prediger. Wer auch nur über eine Prise Menschenkenntnis verfügt, kann aus seiner Mimik und seinem Gebaren lesen, dass er ein fieses Arschloch ist, aber von den Hunderten von Leuten im Publikum scheint keiner es zu bemerken. Eine Frau tritt vor, die an Migräne leidet. Der Prediger brüllt die Frau an: „In dir wirken die Dämonen des Teufels! Und ich befehle diesen Dämonen: Verschwindet! Im Namen Jesu Christi, verschwindet!" Er rutscht auf den Knien hin und her, sabbert: „Jesus! ... Jesus! ... Jesus!", dann stürzt er wie ein Preisboxer auf die Frau los, als wäre sie selbst der Dämon, dreht sich im Kreis und führt einen Veitstanz von pathologischen Ausmaßen auf. Zwei Herren im weißen Kittel wären sicher die Erlösung. Stattdessen aber meldet sich „Jesus", der Ober-Erlöser, und macht die Frau scheinbar gesund. Die Migräne ist wie weggeblasen. Jesus war es, Jesus, JESUS, JEEESUUS hat sie gesund gemacht. Halleluja.

Ich glaube, die meisten Besucher solcher Erweckungsveranstaltungen fühlen sich von den tobenden Psychopathen auf der Bühne einfach nur eingeschüchtert und trauen sich nicht zu sagen, dass ihnen der Kopf noch genau so brummt wie vorher. Einem Irren, so heißt es, soll man nicht widersprechen. Die Damen und Herren in den Rollstühlen, die plötzlich wieder gehen können, weil „Jesus" es so wolltc, sind selbstverständlich bezahlte Statisten. Und die dicken Spenden, die nachher ins Säckel der betreffenden Idioten-Sekte fließen, der eigentliche Anlass des ganzen Tamtams.

Wo immer man der Spur von „Wunderheilungen" nachgeht, stößt man auf Lug und Betrug. Man denke nur an die sogenannten Geistchirurgen auf den Philippinen, die angeblich mit bloßen Händen Operationen durchführen können – nichts als billige Jahrmarkts-Tricks. Die „Dämonenaustreibungen", die von der katholischen Kirche noch immer ausgeführt werden und manch notwendige medizinische Behandlung bis zum Tod des Patienten verhindern, würden bei einer nicht-christlichen „Sekte" sofort als Verstoß gegen das Heilpraktikergesetz geahndet, und das zu Recht. Im Namen des „Gekreuzigten" jedoch ist nach wie vor jede noch so gefährliche Scharlatanerie erlaubt.

Gibt es überhaupt so etwas wie Heilungen jenseits von Schulmedizin oder Naturheilkunde? Natürlich. In verschiedenen Kapiteln dieses Buches haben wir bereits davon gesprochen. Und handelt es sich um die schlichte Beseitigung von Symptomen, sprich: Schmerzstillung, so ist das Handauflegen (die Berührungstherapie) eine Methode mit Jahrtausende alter Tradition.
Berührungstherapie funktioniert. Aber sie funktioniert nicht immer. Die Ansicht, manche Leute würden „es beherrschen" und andere nicht, ist falsch. *Handaufleger are made, not born.* Nehmen wir ein einfaches Beispiel.

★ **Beispiel:** Eine wildfremde Frau im Bus, die an Rückenschmerzen leidet, bittet dich in ihrer Verzweiflung um Hilfe, und da du deine Hausapotheke nicht überall mit dir herumschleppst, versuchst du es mit Berührung. Was geschieht?
Im Normalfall nichts. Du kennst die Dame nicht, und es ist dir unmöglich, so etwas wie Mitgefühl für sie zu entwickeln. Natürlich besteht die Möglichkeit, dass du sofort eine sehr gefühlsintensive Sympathie für sie empfindest, aber die Wahrscheinlichkeit ist eher gering. Ihr seid also zwei Fremde, und deine Berührung bewirkt bei ihr gar nichts.
Ein wenig anders könnte die Sache sich verhalten, wenn sie dir einen gewissen „Gottstatus" zusprechen, also dich z. B. für einen sehr fähigen „Handaufleger" halten würde. In diesem Fall hättest du nicht viel zu tun; die Erschaffung (von Schmerzfreiheit nämlich) fände auf *ihrer* Seite statt. Diesem Prinzip folgen zahlreiche Heilungsphänomene.
Wie wir sehen, gibt es also zwei Möglichkeiten: Entweder die Patientin selbst erzeugt die Heilungsenergie durch die Bilder und Überzeugungen, die sie erschafft – dabei ist es egal, wie real jene sind. Derjenige, der die Berührung ausführt, ist dabei nur Statist. Es ginge auch ohne ihn – vorausgesetzt, die gleichen Überzeugungen könnten erschaffen werden.

★ **Beispiel:** Die Patientin glaubt, eine Maus sei der wiedergeborene Nazarener. Die Maus kriecht über ihr „defektes" Körperteil – und der Schmerz verschwindet.[26]
Die Heilungsenergie kann jedoch auch vom Handaufleger ausgehen – in diesem Fall ist der Patient nur Statist, und es spielt überhaupt keine Rolle, welche Fähigkeiten er seinem Gegenüber zuspricht. Voraussetzung ist nur: Der „Heiler" muss für den „zu Heilenden" eine tiefe Sympathie empfinden – er muss

---

26 Auf die gleiche Weise wirkten vermeintliche Holzsplitter vom Kreuz des Nazareners immer wieder Wunder. Während der Blütezeit des Reliquienhandels hätte die Summe jener Holzsplitter wohl einen ganzen Friedhof voller Kreuze ergeben; die Besitzer solcher „Talismane" jedoch schworen immer wieder, durch ihre Wirkkraft von schweren Krankheiten geheilt worden zu sein.

„Gefühle für ihn haben“. Es darf ihm nicht egal sein, ob der andere Schmerzen hat oder nicht – es muss ein *eigenes Interesse* bestehen. Wir wissen, dass Worte und Bilder nichtig sind, sofern sie nicht von Emotionen getragen werden.

★ **Beispiel:** Wer sich ein schönes Haus auf dem Lande mit genügend Überzeugung, Erwartung und Emotionsreichtum vorstellt, trägt viel dazu bei, es zu bekommen, weil er es auf diese Weise erschafft. Wer sich das Haus nur vorstellt, ohne dabei etwas zu empfinden, erschafft es nicht.
Wer jemanden durch Berührung schmerzfrei machen will, muss jene Schmerzfreiheit erschaffen. Die dazu notwendigen Gefühle jedoch können nicht an- und ausgeknipst werden wie ein Lichtschalter; gegenüber den meisten Personen verspüren wir sie nicht. Gegenüber einigen wenigen Personen jedoch verspüren wir sie, und das sind genau die Menschen, denen wir auf diese Weise helfen können.

Übungen

1. Du kannst deine Fähigkeit, durch Berührung zu heilen, nicht testen, indem du gleich als der große Zampano auftrittst. Übe es also mit vertrauten Personen in vertrauter Atmosphäre.
2. Welcher Person fühlst du dich am meisten verbunden? Welcher Mensch auf dieser Welt ist dir so nahe, dass du ihn als „Stück von dir“ bezeichnen würdest? Egal, ob es sich um deine Ehefrau, deinen Sohn oder deine Mutter handelt – *dies* ist die Person, bei der es dir mit großer Wahrscheinlichkeit gelingen wird, Schmerzen zu stillen.
3. Die ideale Kombination bestünde natürlich aus einem Heiler, dem besondere Gaben zugetraut werden, und einem/einer zu Heilenden, die ihm ganz besonders ans Herz gewachsen ist. Besteht eine Möglichkeit für dich (und wäre es wünschenswert), diese Kombination herzustellen?

Wie man täglich ein Wunder erleben kann

Ab einem gewissen Alter erkennen viele Menschen rückblickend so etwas wie einen roten Faden in ihrem Leben. Dinge haben sich gefügt. Selbst vermeintliche Schicksalsschläge erweisen sich als etwas, das genau zur besagten Zeit an besagtem Ort stattfinden musste, um den Weg zu ebnen für positivere künftige Entwicklungen.

Es gibt aber auch eine andere Art von Leben: Die Art von Leben nämlich, in dem grundsätzlich alles schief läuft und sich auf die größtmögliche Katastrophe zuspitzt. Vergeblich sucht man nach vergangenen Ereignissen, die man als „glückliche Fügungen" bezeichnen könnte. Es sieht fast so aus, als gäbe es Lebensläufe, in denen fortwährend eine Art von unsichtbarer Magie am Wirken ist, während andere auf diese Art Magie verzichten müssen.

Was sind die Gründe?

Von dem Moment an, wo du weißt, dass es so etwas wie Magie – also die Veränderung und Erschaffung von Dingen auf nicht herkömmlichem Wege – gibt, von dem Moment an beginnt Magie, in deinem Leben zu wirken, auch wenn du nicht bewusst „zauberst", Rituale durchführst oder mit kleinen Alltags-Spells arbeitest. Der Moment, in dem dein Nein zur Magie zu einem Ja wird, verändert sich schlagartig dein Bewusstsein. Du weißt jetzt, du bist der Gott deiner eigenen Welt und kannst dein Leben ganz nach deinen Vorstellungen gestalten. Als Folge davon verändert sich dein Selbstgefühl, du fühlst dich sicherer, fähiger und unverwundbarer. Und da die Welt stets auf deinen Glauben, dein Fühlen und dein Denken reagiert, verändert sich auch deine Welt.

In meinem Buch „Im Schein der Schwarzen Flamme"[27] bezeichne ich jene ständig im Hintergrund wirkende Erschaffungsenergie als die „dritte Art von Magie". Sie funktioniert nur bei wachen, bewusst lebenden und flexiblen Menschen, die fähig sind, auf Erscheinungen ihres Lebens zu *reagieren*. Welche Art von Reagieren damit gemeint ist, will ich an einem Beispiel erläutern: Wenn meine Tankanzeige im Auto mir durch ein rotes Lämpchen zu verstehen gibt, dass das Benzin zur Neige geht, werde ich schnellstmöglich tanken. Ich werde nicht sagen: „Manchmal deutet das rote Lämpchen tatsächlich darauf hin, dass Benzin nachgefüllt werden muss, aber in meinem Fall kann das ganz anders sein." Das wäre Dummheit; es wäre die Weigerung, auf Wegweiser im Leben zu reagieren. Aber so oder so ähnlich reagieren viele Menschen – nicht wenn es um ihre Tankanzeige geht, sondern um ihr Leben.

---

[27] „Edition Esoterick", Siegburg, 2008.

★ **Beispiel:** Einem Kind wird beigebracht, dass es zwei Seile am besten mit Hilfe eines Knotens verbinden kann. Später versucht das Kind, eine Verbindung zwischen zwei Elektrokabeln herzustellen, indem es sie miteinander verknotet. Man erklärt dem Kind: „Nein, diesmal musst du löten." Aber das Kind sagt: „Nein, ich habe schon immer geknotet, und ich werde auch diesmal knoten."
Sich von alten Mustern nicht lösen zu können, auch wenn es dringend notwendig ist, bedeutet die Unfähigkeit, auf Gegebenheiten des Lebens zu reagieren. Dahinter kann Trägheit stecken, Dummheit oder – im schlimmsten Falle – Ideologie. Menschen, die einer Ideologie folgen, sind oft automatisch reaktionsunfähig.

★ **Beispiel:** Eine Frau vertritt die Ideologie „Keine Kosmetik, sondern Natur-Look". Dann wundert sie sich, dass die Männer ausbleiben. Jemand sagt zu ihr: „Schmink dich doch ein wenig, kleide dich ein wenig farbenfreudiger, und du wirst sehen, du machst was her." Ihre Ideologie jedoch hindert sie daran, so zu handeln, wie es für sie nutzbringender wäre. Sie bleibt ihrem Gretel-vom-Land-Look treu, und die Männer werden den Teufel tun und sich ihretwegen von ihren natürlichen Reizmechanismen verabschieden.

★ **Beispiel:** Ein überzeugter Vertreter der Ideologie „Kinder müssen antiautoritär erzogen werden" darf sich nicht wundern, wenn seine Sprösslinge ihm spätestens im Pubertätsalter auf der Nase herumtanzen. Das Fatale: Anstatt seine Ansichten zu hinterfragen, neigt der Ideologe eher zu der Annahme, „nicht antiautoritär genug" gewesen zu sein und lässt die Zügel künftig noch lockerer. Ideologen werden auf diese Weise zu notorischen Pechvögeln.
Der amerikanische Schriftsteller Truman Capote hat einmal gesagt: „Wer immer konsequent ist, hat einen Kopf aus Keksmasse." Aber Ideologen *sind* immer konsequent. Wie der schlimmste Rassist stecken sie voller Vorurteile und Prägungen, auch wenn sie sich meist für fortschrittlich, kritisch und unorthodox halten. Die „dritte Art von Magie" hat keine Chance, sie zur richtigen Zeit an den richtigen Ort zu führen, denn sie folgen nur ihrer ideologischen Nase.
Eine weitere Gruppe von Menschen, bei denen diese Art von Magie nicht funktionieren kann, sind Drogenkonsumenten. Ich meine damit nicht jene Zeitgenossen, die gelegentlich einen Joint rauchen oder ein Glas Wein trinken, sondern Personen, deren Alltag rund um die Uhr von der Droge bestimmt wird. Ich kannte viele Leute, die kifften und habe früher ab und zu auch selbst gekifft, aber es war nicht mein Ding, weil ich sah, wie bei vielen Kumpels das Kiffen plötzlich einen pervers hohen Stellenwert einnahm. Sie schürten sich

fünf Minuten nach dem Aufstehen die erste Fluppe, und irgendwann gelang es ihnen nur noch, „normal drauf zu sein", wenn sie was eingefahren hatten.
Was passiert, wenn ich Drogen nehme? Meine Aufmerksamkeit verändert sich. Ich sehe die Welt nicht mehr mit eigenen Augen, sondern durch einen Nebel, der meine Rezeptoren abstumpft und betäubt. Ich speichere Erfahrungen nicht mehr richtig ab, ich kann Eindrücke nicht mehr einordnen, ich werde unfähig, aus dem zu lernen, was mir begegnet. Das kann auf einer Party oder im Sommer am See ganz lustig sein – wenn es zu einem Fulltime-Job wird, habe ich mein Leben verwirkt.
Wer auf magische Weise erschaffen und verändern will, dessen Gehirn muss richtig funktionieren. Er darf nicht wahllos irgendwelche Wege und Verbindungen lahm legen, sonst schickt er seine elektrischen Reizleitungen durch ein Neuronen-Labyrinth, ohne die Aussicht, auf kürzestem Wege dorthin zu gelangen, wo ihr rechtmäßiges Ziel wäre. Die „dritte Art von Magie" kann nicht zustande kommen, wo anstatt eines geordneten Systems von Eindrücken, Gedanken und Emotionen das nackte Chaos herrscht.
Wir sind als Menschen sehr widerstandsfähig. Wir überstehen Suff und Horror-Trip, den Genuss von verdorbenen Eiern und die Generalattacken auf unser Gleichgewichtssystem in der Achterbahn. Was wir nicht überstehen, ist ein Leben, das wir irgendeiner Droge geweiht haben, um sie vierundzwanzig Stunden am Tag anzubeten und ihr zu opfern.
Deshalb ist das Leben von Drogenabhängigen meist trist und höhepunktlos. Die Ereignisse, die sich Bahn brechen wollen, werden zurückgehalten, und das Leben ähnelt eher einem mit schlechter Kamera aufgenommenen Film als einem realen Geschehen. Personen, Ereignisse, glückliche Wendungen, alles bleibt hinter dem großen Damm zurück. In anderen Worten: Der Junkie quarzt oder spritzt sich sein Schicksal weg.
Hört man irgendwann auf, sich in den Rausch zu flüchten, dann könnte es einem ergehen wie jenem englischen Lord, an dessen Tür eines Tages Hochwasserwellen schlugen, was er jedoch für das Klopfen eines Besuchers hielt und seinen Butler James anwies, die Tür zu öffnen.
James erstattete folgende Meldung:
„Mylord, die Themse."

Übungen

1. Blicke auf dein Leben zurück, vor allem auf Dinge, die scheinbar „wie durch ein Wunder“ geschahen oder sich im Nachhinein als unbedingt notwendig erwiesen. Waren solche Ereignisse häufig oder sogar schicksalsbestimmend? Sie sind ein zuverlässiges Messinstrument für die Wirksamkeit der „dritten Art von Magie“ in deinem Leben.

2. Kennst du Menschen, in deren Leben alles schief geht? Es könnte eine Folge ihrer Drogen- oder Alkoholsucht sein, womit Schicksal im wahrsten Sinne des Wortes verhindert wird. Entscheidend ist dabei nicht die Menge, sondern die Notwendigkeit. Hemingway war ein Trinker, aber dennoch erfolgreich; es gibt aber auch Menschen auf Entzug, deren tägliches Muss nur ein Glas Bier und eine Schlaftablette waren. Die Betonung liegt auf *muss*.

Wie man innere Unruhe bekämpft

Es ist ein Kribbeln in der Magengrube. Ein Symptom, das nicht selten die Konzentration lähmt und das kreative Denken behindert. Es ist wie ein Schatten, der immer mit dir geht. Ein ungebetener Gast in deinem Inneren, der während all deiner täglichen Verrichtungen, während der Gespräche, die du führst, der Arbeiten, die du ausführst, sein lästiges Werk nicht beenden mag. Mediziner sprechen von „innerer Unruhe", und da sie zwar fleißig Symptome erforschen, nicht aber deren psychische Ursachen, haben sie bislang keine Erklärung dafür gefunden. Dabei ist es gar nicht so kompliziert.
Ich habe großen Respekt vor Medizinern, aber manchmal machen sie es sich zu einfach. Ein körperliches Symptom – so meinen sie – müsse zwangsläufig auch eine körperliche Ursache haben. Aus wissenschaftlicher Denkweise ist dagegen nichts einzuwenden, aber der Mensch ist ein viel komplexerer Mechanismus. Form und Inhalt sind eins; psychische Problematik und körperlicher Ausdruck sind es auch.

★ **Beispiel:** Wer Sorgen hat, dem ist es am Gesicht abzulesen. Aber manchmal auch an der Leber, den Nieren, der Wirbelsäule. Hinter jedem Krankheitssymptom steckt eine *ungelöste Situation*. Und hinter jeder inneren Unruhe steckt ... aber Moment.
Leidest du im Augenblick daran? Fühlst du dich innerlich unruhig? Falls ja – hast du Lust, für dieses Kapitel als Versuchskarnickel herzuhalten? Beantworte einfach folgende Fragen: Welcher Prozess in deinem Leben ist unabgeschlossen? Welche Aufgabe ist noch unerledigt? Hast du in letzter Zeit etwas angefangen, aber nicht beendet? Steht etwas offen?
Unerledigte Aufgaben sind der schlimmste Plagegeist, den man sich vorstellen kann. Du planst einen Brief ans Finanzamt wegen deiner Steuerschulden. Du willst einem Freund, der dich um Rat gebeten hat, unbedingt eine Mail schreiben. Du hast einem alten Kumpel seit Monaten versprochen, mit ihm essen zu gehen. Aber nichts davon hast du bisher getan. In deinem Leben türmt sich ein Berg von geplanten, aber nicht abgeschlossenen Dingen. Du magst es verdrängen, aber dein Unterbewusstsein lässt sich nicht täuschen. Es piesackt deinen Körper und erzeugt exakt jenes unangenehme Kribbeln, das wir als innere Unruhe wahrnehmen.
Natürlich haben wir alle unerledigte Dinge in unseren Schubladen. Ich z. B. habe eine dicke Mappe mit Kurzgeschichten-Ideen angelegt, die alle noch zu schreiben sind. In einer anderen Schublade warten zwei angefangene Romane auf ihre Fertigstellung. Der Unterschied: Nichts davon ist dringend. Und es wäre Schwachsinn, keine neuen Ideen mehr aufzuschreiben, bevor die alten

nicht abgearbeitet sind. Um keine innere Unruhe entstehen zu lassen, bediene ich mich folgenden einfachen Tricks: Ich arbeite täglich. Das heißt, ich kann Tag für Tag mit dem Gedanken schlafen gehen, etwas von den unerledigten Dingen erledigt zu haben. Ich bewege mich nach vorn, ich stagniere nicht. Das ist das ganze Geheimnis.
Größtmögliche innere Unruhe entsteht, wenn man Dinge, die unbedingt innerhalb eines gewissen Zeitrahmens erledigt werden müssen, bis zum letzten Termin hinauszögert oder ihn sogar überzieht. Auch hier gibt es einen simplen Trick: Wenn du morgens aufstehst, trinke deinen Kaffee, iss deine Honigsemmel, gleite sanft in den Tag. Dann jedoch folgt der unangenehme Teil: Du versuchst, **eine** unerledigte Sache fertig zu stellen. Völlig fertig, so dass du sie abhaken kannst. Das dauert meist nicht so lange, wie man meint. Eine Aufgabe, die in zehn Minuten erledigt sein kann, mag dir im Geiste als ein Berg erscheinen, der dich stundenlang in Anspruch nimmt – nur, weil dir davor graut.
Setz dich einfach hin und fang an. Mit Schritt Eins, danach folgt Schritt Zwei, und so weiter, und schon bald ist die Geschichte für dich passé. Danach kannst du Zeitung lesen, den Hund Gassi führen, einen Freund anrufen, dich mit jemandem zum Essen in der Stadt treffen. Der positive Nebeneffekt: Du wirst dich den ganzen Tag lang super fühlen.
Falls du berufstätig bist, kannst du die Sache auch auf den Abend verschieben, wenn du nach Hause kommst. Damit sicherst du dir einen entspannenden, wirklich genussvollen Abend.
Klar, damit hast du nur *eine* von womöglich vielen offenen Aufgaben erledigt. Aber du wirst lachen: Das reicht, um deine innere Unruhe zu beseitigen. Du musst nur am nächsten Tag auf die gleiche Weise fortfahren. Wie schon erwähnt: Sobald du merkst, dass es vorwärts geht, entspannt sich dein ganzes System.

★ **Beispiel:** Du hast fünf unbezahlte Rechnungen auf deinem Schreibtisch liegen. So lange du *keine* davon bezahlt hast, wird das Kribbeln da sein und dich in deiner Lebensqualität behindern. Bezahle *eine* davon, und das Kribbeln verschwindet – so lange du dir sicher bist, dass diese Zahlung nur ein Startschuss für weitere Überweisungen war.
Am besten ist es natürlich, den Berg gar nicht erst anwachsen zu lassen: Als junger Mann trödelte ich oft wochenlang mit dem Bezahlen von Rechnungen herum und verlor dabei regelmäßig die Übersicht. Inzwischen habe ich es mir angewöhnt, jede Rechnung noch an dem Tag zu bezahlen, an dem sie bei mir eingeht.

Das heißt allerdings im Vorfeld: Nur Sachen bestellen, für die genügend Geld auf dem Konto ist.

Übungen

1. Erstelle dir eine Liste von unerledigten Aufgaben. Dazu zählen Versprechungen, wichtige Pläne, unbezahlte Rechnungen, nicht abgearbeitete Korrespondenz usw. Sag dir einfach: Ab sofort lasse ich jeden Tag einen Ballon steigen. Ein Ballon, den du hast steigen lassen – das ist eine Sache, die du abhaken kannst, so dass sie dich nicht mehr beschäftigen muss und dir mehr Freiheit schenkt. Lass jeden Tag einen Ballon steigen.
2. Es empfiehlt sich, einen Wochenplan zu erstellen, in den man alle Dinge einträgt, die zu erledigen sind. Ungeliebte Dinge neigen dazu, in die Vergessens-Schublade zu rutschen; diesem Phänomen lässt sich hiermit vorbeugen. Dinge, die nicht termingebunden sind, kann man als „Schiebeaufgaben" kennzeichnen und schon mal von einer Woche auf die nächste vertagen. Das Glücksgefühl, wenn man sie endlich erledigt hat, wird jedoch für sich sprechen.
3. Als extrem hartnäckige Unruhegeister können unbezahlte Rechnungen sich erweisen. Falls du Zahlungsprobleme hast, „spare" zur Abwechslung mal auf eine Rechnung, d. h. lege so oft einen kleinen Betrag auf die Seite, bis das Geld ausreicht. Du meinst, auf so etwas zu sparen sei unbefriedigend? Es sieht auf den ersten Blick so aus. Im Nachhinein jedoch wirst du feststellen, dass es ein zentnerschwerer Stein war, der dich nun nicht mehr drückt.

Wie man zum Meister des (eigenen) Universums wird

Wir neigen dazu, uns bei Tätigkeiten, die wir ausführen, oder Gewohnheiten, denen wir nachgehen, die Frage zu stellen: Ist das vernünftig? – Aber was bedeutet vernünftig?

„Sei vernünftig und geh schlafen“ sagt die Mutter zu ihrem Sohn. „Du musst morgen früh zur Schule.“ – Inwiefern ist frühes Schlafengehen vernünftig und Wachbleiben unvernünftig? Weil der Aufenthalt in der Schule in schlaftrunkenem Zustand vermutlich keine Wohltat ist. Geht der Junge rechtzeitig schlafen, kann er dem vorbeugen. In diesem Fall bedeutet „vernünftig“ also vorausschauend.

Auch auf Alkohol zu verzichten, bevor man sich ans Steuer setzt, ist vernünftig. Erstens könnte man erwischt werden, zweitens könnte man auf Grund mangelnder Konzentration gefährliche Fahrfehler begehen. Auch hier steht vernünftig für „vorausschauend“. Vernünftige Ernährung bedeutet, sich so zu ernähren, dass man gesundheitlichen Problemen vorbeugt. Insgesamt gesehen könnte man den Begriff „vernünftig“ also deuten als „dasjenige tun, das einem selbst am meisten nützt bzw. am wenigsten schadet“.

Wenn ich mich um Mitternacht ins Auto setze, dreihundert Kilometer zu irgendeinem Motel fahre, mich dort einmiete und am Morgen wieder nach Hause fahre, handle ich dann vernünftig oder unvernünftig? Viele würden Zweiteres vermuten. Aber war es *wirklich* unvernünftig? Warum habe ich es getan? Weil ich Nachtfahrten entspannend finde? Weil mir in Motelzimmern die besten Sätze einfallen? Weil ich unbekannte Eindrücke zwecks späterer literarischer Verwertung sammeln wollte? In all jenen Fällen hätte die Fahrt mir genützt und wäre somit vernünftig gewesen.

Dennoch kämen die wenigsten Menschen darauf, so etwas zu tun. Die meisten entscheiden sich instinktiv für ausgetretene Pfade und verwerfen unverzüglich jeden Einfall, der den Rahmen dieses tradierten Fundus sprengt. Ein Freund von mir hat sich hingesetzt, um das Telefonbuch seiner Stadt Zeile für Zeile durchzugehen und dann in eine alphabetische Straßenliste zu übertragen. Ich hatte zunächst auch Probleme, das zu verstehen, aber er erklärte mir: „Damit kann ich im Geiste spazieren gehen und Leuten begegnen.“ Anscheinend machen solche Spaziergänge ihm Spaß. Insofern war sein Telefonbuch-Projekt vernünftig.

Manchmal haben wir Lust auf die wildesten und skurrilsten Dinge, setzen unsere Ideen aber nicht in die Tat um, weil man uns für verrückt, schräg oder verschroben halten könnte. Das aber bedeutet: Unvernünftig oder gar ungesund leben. Manchmal haben wir nicht mal so sehr Angst vor dem, was andere sagen, sondern vor dem, was wir selbst sagen könnten. „Da käme ich mir blöd vor, wenn ich mit meinen Pflanzen sprechen würde.“ Unser Ich verstößt gegen sich selbst, weil es weiß, dass es ab und zu mit der Stimme des Über-Ich spricht und dann nicht verantworten kann, was es getan hat. Aber erst, wenn wir uns oder anderen schaden, spielt die Meinung des Über-Ich eine Rolle; alle anderen harmlosen Spielchen sind erlaubt.

Ob man nun seinen Küchengeräten Namen gibt (viele Männer tun das mit ihren Autos und finden es gar nicht komisch), ob man zur CD, die man gerade spielt, ein Mikrofon schwingt und sich auf einer großen Bühne vor Tausenden von Menschen wähnt; ob man jedem einzelnen seiner Stofftiere eine Gute Nacht wünscht; ob man in einer Glatteisnacht im Auto sich vorstellt, man sei ein venezianischer Gondoliere, der sein Boot sicher durch die Kanäle lenkt – es ist okay, so lange wir einen Lustgewinn davon haben.

Aber der Nutzen kann noch weitaus größer sein.

Keines der Beispiele, die ich oben genannt habe, ist erfunden. Ich kenne zu jedem Fall die betreffende Person, und einige davon kenne ich gut. Es handelt sich durchweg um kreative Menschen, die ihr Leben im Griff haben und ihre Probleme auf zwar unorthodoxe, aber effektive Weise lösen. Anders gesagt: Fähigkeiten, die man sich im „Spiel“ erwirbt, lassen sich auch im sogenannten Ernst des Lebens sehr gut anwenden.

Was ist es eigentlich, das man dabei lernt?

- Die Fähigkeit, zu vielen Dingen des Lebens nicht auf die gängigen Lösungen zurückzugreifen, sondern sich auf – vordergründig gesehen – abwegige Pfade zu begeben, die aber genau zu dem Ziel führen, das man anstrebt.

  ★ **Beispiel:** Es gibt viele Gründe, sich einen Hund anzuschaffen. Eine Freundin sagte einmal zu mir: „Ich habe mir einen Hund gekauft, weil ich einen Mann suche.“ Und sie fand ihn auch, denn Hundebesitzer kommen mit anderen Hundebesitzern und überhaupt mit anderen Menschen leicht ins Gespräch. Der tägliche Spaziergang im Park führte irgendwann zu einem Smalltalk, aus dem mehr wurde.

- Die Fähigkeit zum unlogischen Denken.

  ★ **Beispiel:** Ein Schriftsteller, der zum Denken nur seine linke Gehirnhälfte benutzt, wird über das Schreiben von Standard-Geschichten nicht hinauskommen. Kreativität entsteht nur, wo scheinbar selbstverständliche Denkregeln durchbrochen und völlig neue Synapsen im Gehirn gebildet werden. Wenn du einen Apfel beschreiben sollst, kannst du notieren, wie groß, wie schwer, wie grün er ist. Wen aber interessiert das außer einen Apfologen? Setze den Apfel vielmehr in Beziehung zu tausend anderen

Dingen: Lass z. B. zwei Würmer in diesem Apfel Tür an Tür wohnen, und deine Geschichte wird reizvoll werden.

- Die Fähigkeit, Fantasie zu entwickeln. Fantasie beginnt dort, wo deine Welt in neuen Farben erstrahlt. Es gibt Hörkassetten mit Fantasiereisen, aber die halte ich für Geschmackssache, da es sich um „gelenkte Fantasiereisen" handelt, d. h. du bist nicht frei auf deinem Trip. Erfinde deine eigenen Fantasy-Stories: Wenn ein Gewitter zürnt, stell dir vor, du seist eine Wetterhexe, die sich genau dort herumtreibt, wo das Wetter entsteht. Beschäftige dich mit Naturgeistern und lies Bücher wie „Spiderwick". Mische ein wenig Farbenpracht und Chaos in die öden Sphären des Alltags. Du wirst wachsen und schillern und verblüffen.

Du brauchst deine Erlebnisse mit niemandem zu teilen. Wirf keine Perlen vor die Säue, und versuche Einfaltspinseln nicht zu erklären, was Fantasie ist. *You can't teach pigs to sing.* Verbirg aber auch nicht zwanghaft, was du tust. Auf andere zu reagieren heißt immer einen Teil der Kontrolle über das eigene Leben an sie abzugeben. Tue die Dinge einfach. Beherrsche dein Universum. Beherrsche *das* Universum.

Übungen

1. Du kannst übrigens leicht ermitteln, welche der beiden Gehirnhälften bei dir dominant ist. Im Internet gibt es die bewegte Simulation einer Tänzerin, die du unter folgenden Adressen findest[28]:
   http://psychologie-news.stangl.eu/?p=120
   http://www.visionintoaction.de/2007/10/31/linke-rechte-gehirnhaelfte/
   http://www.blog.querscheck.de/2007/10/15/linke-vs-rechte-gehirnhaelfte/
   Folge einfach den Anweisungen im Text.

2. Oder mach den Oliver-Fehn-Test zur Ermittlung deiner dominanten Gehirnhälfte:
   a) Koche dir einen Kaffee und fülle ihn in eine Tasse.
   b) Gib Milch und Zucker dazu.
   c) Rühre um, und zwar mit der rechten Hand.
   d) Erst mal nicht weiterlesen! Hast du dir wirklich einen Kaffee gekocht? Bist du wirklich schon am Rühren? Falls nein, tue es bitte. Sonst macht der ganze Test keinen Sinn.
   e) Kaffee da? Löffel in der Hand? Prima. Umrühren (rechte Hand)!
   f) Jetzt stelle fest: Rührst du IM oder GEGEN den Uhrzeigersinn? Hier ist es umgekehrt wie bei unserer Tänzerin: Wer *im* Uhrzeigersinn rührt, arbeitet vornehmlich mit seiner linken, logischen Gehirnhälfte. Wer gegen den Uhrzeigersinn rührt, arbeitet mit der rechten Gehirnhälfte, ist also der kreative, unlogische, aber verblüffend reichhaltige Typ.
   g) Test beendet. Lass dir deinen Kaffee schmecken.

---

[28] Da Internetseiten oft rasch wieder aus dem Universum des World Wide Web verschwinden, habe ich drei Möglichkeiten zur Wahl gestellt. Sollten alle Seiten bereits wieder perdü sein, gib bei deiner Lieblings-Suchmaschine gleichzeitig die Begriffe „Tänzerin" „Uhrzeigersinn" und „Gehirnhälfte" ein, und du wirst mit Sicherheit fündig.

Wie man Stress bekämpft

Noch vor wenigen Jahren war Stress eine Sache, derer man sich rühmen konnte. Gestresste Menschen waren wichtige Menschen, und wer keinen Stress hatte, wurde scheinbar nirgendwo gebraucht. Inzwischen sind die meisten Menschen klüger geworden – und haben begriffen, dass man sich über Stress ebenso wenig freuen sollte wie über Krebs. Denn wer gestresst ist, beweist nicht seine Wichtigkeit, sondern sein Unvermögen zur Selbsterhaltung.
Was ist Stress eigentlich? Das englische „to stress" bedeutet: etwas bis an die Grenze seiner Belastbarkeit zu strapazieren. Wer also unter Stress leidet, befindet sich in einem Stadium kurz vor dem Zerreißen, der Explosion, der Detonation. Man kann unterscheiden zwischen konstruktivem Eustress und destruktivem Distress, aber Eustress ist kein Stress im klassischen Sinne, da er den Organismus nachweislich positiv beeinflusst.
„Managerkrankheit", „Burnout-Syndrom" – eine Menge neuer Worte wurden erfunden, um jene spezielle Form der Überlebensunfähigkeit zu betiteln. In Wirklichkeit bedeutet es: Der Betreffende ist zu schusselig zum Entspannen.
Neunzig Prozent aller Formen von Stress sind selbstverursacht. Da ist der Unternehmer, der nur noch eins im Sinn hat – mehr Aufträge, mehr Aufträge – und täglich bis in die frühen Morgenstunden an seinem Arbeitsplatz ackert. Da ist der Jogger, der auch an sengend heißen Sommertagen seinem Sport frönt – und sich dadurch in eine körperliche Stress-Situation bringt. Da ist die junge Hausfrau, die sich an jedem Krümel auf dem Teppich stößt und nach Feierabend schweißgebadet noch einmal Staub saugt. Sie alle haben ein wichtiges Gesetz nicht begriffen.
Wann immer wir prüfen wollen, wie sinnvoll ein bestimmtes Verhalten ist, sollten wir auf die Tierwelt schauen. Bei Tieren gibt es keinen Herzinfarkt. Und Tiere gehen auch keinen sinnlosen Verrichtungen nach, die sie in Stress-Situationen bringen würden. Ein Wolf, der ein Reh erlegt hat, gibt sich zufrieden. Er braucht keine sieben weiteren Rehe in seiner Vorratskammer. Der gleiche Wolf hetzt auch keinen Phantomen hinterher, um sich „fit" zu halten. All sein Handeln ist auf Wohlergehen ausgerichtet – wozu der Wolf nicht viel braucht, der Mensch natürlich etwas mehr.
Dennoch weigern wir uns hartnäckig, jenes „Wohlergehen" zum zentralen Gedanken unseres Handelns zu machen. Die christliche Moral hat uns mit dem Gedanken infiziert, ein Leben ohne „Mühsal" sei ein vertanes Leben, und wenn uns gar nichts mehr einfällt, womit wir Raubbau an uns selbst betreiben können, versuchen wir, die Welt zu verbessern – ein Anspruch, gegen den Don Quixotes Kampf gegen Windmühlenflügel regelrecht weise anmutet.

Wir erkennen die völlige Sinnlosigkeit unseres Handelns an der Verselbständigung gewisser Verhaltensmuster.

★ **Beispiel:** Wenn auf einem Berg ein Haus steht, zu dem ein Weg führt, begehen wir diesen Weg in der Regel, um zu dem Haus zu gelangen. Wird das Haus eines Tages abgerissen, ist der Weg sinnlos geworden. Er führt jetzt nirgendwohin. Wenn wir ihn weiter regelmäßig begehen, stimmt mit uns etwas nicht.

Aber exakt so verhalten sich Menschen: Zu Beginn des Jahrhunderts fuhren wir mit Postkutschen, was eine ziemlich lange Reisedauer bedeutete, dann wurde das Automobil erfunden, das mit fortschreitender Technologie immer schneller wurde. Der Sinn dahinter war also, schneller an einen Ort zu gelangen, zu dem wir auch wirklich gelangen *mussten*. Heute rasen wir durch die Gegend und verspüren fast sexuelle Genugtuung dabei, aufs Gaspedal zu treten – ohne irgendein Ziel. Man weiß zwar nicht, wo's hingeht, aber man ist schneller dort.

Tempowahn und Gehetztsein sind Ausdruck einer nicht näher definierten Form von Geisteskrankheit. Auch hier lohnt sich der Blick ins Tierreich: Kein Tier würde je auf die Idee kommen, sich in eine Stress-Situation zu begeben oder Eile an den Tag zu legen, wenn dies nicht auf Grund der natürlichen Bedürfnisse angezeigt wäre. Uns kommt das Verhalten von Tieren manchmal seltsam vor – aber könnten Tiere denken und sich äußern, wäre rasch klargestellt, welche Spezies es ist, die nicht mehr richtig tickt.

Es gibt zwei sehr gute Methoden, um sich aus Stress-Situationen zu retten bzw. gar nicht erst in sie hinein zu geraten. Ich habe sie bereits in meinen anderen Satanischen Büchern skizziert und wiederhole sie hier in Form von:

Übungen

1. Sobald Stress droht, versuche deinen Organismus um einen Gang herunterzuschalten. Das heißt: Reduziere dein Betriebstempo um etwa die Hälfte. Wenn du 200 km/h fährst, versuche es mit 100; wenn du dich beim hektischen Herumrennen ertappst, versuche, dich langsam zu bewegen. Stell dir meinetwegen vor, die Zeit bliebe stehen oder würde sich mit dir verlangsamen. Dieser „Bremsvorgang“ kann dein inneres Gleichgewicht rasch wieder herstellen.

2. Erlerne – falls du sie noch nicht beherrschst – die Bauchatmung. Es ist traurig, dass die meisten Menschen sie überhaupt erst lernen

müssen, denn es ist die natürliche Atmung, auf die unser Organismus automatisch umschaltet, sobald wir ihm, wie z. B. während des Schlafes, das Steuer überlassen.

Du machst es richtig, wenn sich beim Atmen nicht dein Brustkorb, sondern deine Bauchdecke hebt und sinkt. Dein Zwerchfell zieht sich zusammen, und Luft strömt in deine Lunge; dein Zwerchfell entspannt sich, und die Lunge leert sich wieder. Der Energieverbrauch bei dieser Form von Atmung ist erheblich geringer als bei der Brustatmung; der Blutdruck wird stabilisiert; durch die Beteiligung der inneren Organe kommt es sogar zu einer Regulierung der Verdauung.

Natürlich ist die Bauch- oder Zwerchfellatmung keine Erfindung von mir; schon der alte Magie-Guru Karl Spiesberger erwähnte sie. Allein, die heilsame und entspannende Wirkung dieser Atemtechnik grenzt an ein Wunder, was in der Literatur meist unerwähnt bleibt.

Vor ein paar Jahren lud mich ein sehr sportlicher Freund zu einer Bergwanderung auf die Plassenburg[29] ein. Nun mag ich zwar Burgen, aber keine Berge, vor allem dann nicht, wenn ich sie zu Fuß erklimmen muss, und der Weg zur Plassenburg ist extrem unwegsam, steil und beschwerlich. In der Regel kommt man verschwitzt oben an und hat auf eine Burgbesichtigung keine Lust mehr. Da kam mir die Idee, während des gesamten Weges bewusst auf Bauchatmung „umzuschalten".

Nicht, dass ich wirklich frisch und erholt wirkte, als wir den Gipfel erreichten; das wäre wohl zu viel verlangt; doch innerhalb von fünf Minuten, die wir rastend auf einer Bank im Burghof verbrachten, hatte ich mich tatsächlich vollkommen regeneriert.

Es ist ziemlich schwer, die Bauchatmung zum Automatismus zu machen, wenn man jahrelang anders zu atmen pflegte. Umso verblüffender jedoch ihre Wirkung, wenn man sie in Krisenzeiten als „magisches Instrument" einsetzt. Man kann förmlich spüren, wie man ruhiger und selbstsicherer wird, und die Dinge sich infolgedessen verändern.

Die Technik des „Herunterschaltens" und die Bauchatmung sind die beiden Grundpfeiler eines stressfreien Lebens. Wobei anzumerken ist, dass die Hebung der Bauchdecke bei der Zwerchfellatmung natürlich auch für andere sichtbar ist. Man steht – anders als bei der Brustatmung – nicht mehr unbedingt vor dem Betrachter „wie eine Eins".

Sollte also die Eitelkeit auch deine Lieblingssünde sein, so lerne wenigstens, Prioritäten zu setzen.

---

29 Im 12. Jahrhundert erbaute Burganlage bei Kulmbach in Oberfranken.

Wie man optimal lernt

Lernen ist eins der vergnüglichsten Dinge der Welt. Leider ist das Wort belastet mit dem, was die meisten Schüler darunter verstehen – nämlich pauken. Pauken ist stumpfsinnig. Nackte Fakten auswendig zu büffeln ist im Gegensatz zu echtem Lernen eine der größten Zeitverschwendungen – denn die Vergessensrate ist immens.

Versuch, dich einmal an einige Fakten zu erinnern, die du während deiner Schulzeit oder auch im späteren Leben *sofort* behalten hast. Und dann erinnere dich an einige andere Dinge, die du dir regelrecht „einbläuen" musstest, bis sie endlich einigermaßen abrufbar waren. Und dann sieh dir diese Dinge genauer an und stelle fest, worin sie sich voneinander unterscheiden.

Die Dinge, die du sofort behalten hast, waren Dinge, über die du *staunen* konntest. Die Dinge, die dir einfach nicht in den Kopf wollten, waren Dinge, die du als belanglos oder langweilig empfandest: Zahlen, Paragraphen, mathematische Lehrsätze und ähnliches. Dabei sind es letztlich nicht die Fakten selbst, die sich voneinander unterscheiden, sondern die verschiedenen Methoden, sie zu vermitteln.

★ **Beispiel:** Du liest in einem Buch, dass die Sonne 150 Millionen Kilometer von der Erde entfernt ist. Du weißt, das ist eine Menge; aber es bringt dich nicht zum Staunen, weil wir solche großen Zahlen überhaupt nicht begreifen. Wenn ich dir aber erzähle, dass du in einem Auto, das mit 150 Stundenkilometern auf einer gedachten Straße zur Sonne fahren würde, ohne je eine Pause einzulegen, für diese Reise mehr als 120 Jahre benötigen würdest, habe ich dir etwas gegeben, das du dir vorstellen kannst. 120 Jahre – du erinnerst dich an die zehnstündige Autofahrt nach Italien mit der nervigen Tante Olga, die dir wie eine Ewigkeit vorkam. Was, wenn du mit Tante Olga hättest zur Sonne reisen müssen? Du hast jetzt eine Information, die du in Bezug zu deiner eigenen Welt setzen kannst.

Wenn du einen Text liest, den du dir einprägen sollst, musst du dafür sorgen, dass du staunen kannst. Von einer Information wie der Entfernung Erde – Sonne kannst du leicht auf besagte Autofahrt kommen, wenn es dir gelingt, weiterzudenken. Lies Texte genau. Überlies nicht einfach irgendwelche Sätze. Prüfe, welche Informationen sie enthalten, setze diese Informationen in Bezug zu deiner Welt – und du kannst staunen.

Lernen ist Staunen. Worüber wir staunen, das prägt sich uns ein. Auch andere emotionale Reaktionen wie Trauer, Angst, sexuelle Erregung etc. eignen sich, um einen Sachverhalt dem Gedächtnis einzuprägen – Staunen aber ist am geeignetsten.

★ **Beispiel:** In einem Lehrbuch liest du etwas über die Anatomie und Physiologie des menschlichen Körpers. So lange du diese Fakten nur als „Lernstoff" siehst, haben sie dir nicht viel zu sagen. Wenn du dir aber z. B. deinen Körper als eine Riesenfabrik vorstellst, in dem Milliarden von spezialisierten Arbeitskräften daran beteiligt sind, dein inneres Gleichgewicht aufrecht zu erhalten, kannst du staunen. Du siehst es wimmeln und werkeln und wichteln. Du hast dir ein *Bild* erschaffen. Das wird dir helfen, dir die Details wesentlich besser einzuprägen.

Bis zu unseren Bildungsstätten hat sich diese einfache Weisheit („Lerne, indem du staunst!") leider noch nicht herumgesprochen. Mit Schaudern erinnern wir uns an unsere Mathebücher, in denen trockene Lehrsätze mit trockenen, realitätsfernen Beweisen versehen wurden und in unseren Köpfen nichts als Öde erzeugten. Dabei könnte gerade die Mathematik uns so oft zum Staunen bringen.

Die Lehrer verteidigen ihre Didaktik meist mit dem Argument, in der Mathematik gehe es darum, Schülern „abstraktes Denken" beizubringen. Mit „abstraktem Denken" ist Linkshirn-Denken gemeint, und davon strotzen die meisten Lehrpläne sowieso. Abstraktes Denken mag in etlichen Belangen seine Berechtigung haben; in der Regel erzieht es zu jener Theorielastigkeit, die wir an Politikern hassen und bei theoretischen Physikern nicht kapieren.

Ein weiterer wichtiger Punkt beim Lernen ist die reale Kenntnis dessen, worüber du dich informierst. Wenn du ein Buch über Autos liest, aber noch nie ein Auto in natura gesehen hast, fühlst du dich nach wenigen Seiten überfordert. Natürlich ist es nicht immer möglich, alles anzufassen, worüber man sich schlau macht, aber mit ein wenig Mühe lassen sich hier große Fortschritte erzielen: Wenn ich in einem Pflanzenbuch etwas über „Tagetes" lese, ist es hilfreich, sich ein Foto der Blume anzusehen; noch hilfreicher jedoch ist es, ins nächste Gartencenter zu fahren und sich dort ein echtes Exemplar der Pflanze zeigen zu lassen. Das sollte man mit allen Sinnen tun: Wie sieht die Blume aus? Wie riecht sie? Wie fühlt sie sich an? Liest man später Informationen über Tagetes, fühlt man sich dabei wesentlich wohler.

Wie geht man nun vor, wenn es sich nicht um eine Blume oder ein Auto, sondern z. B. um eine Weltraumrakete handelt? Bei der NASA um Audienz zu ersuchen, dürfte zwecklos sein. Natürlich sind hier Fotos und Skizzen mit genauen Bezeichnungen die erste Wahl; nicht uninteressant aber finde ich auch die Idee, sich im nächsten Spielwarenladen einen Bastelsatz für eine Miniatur-Rakete zu kaufen und sie dann auch wirklich zusammen zu bauen. Das gleiche gilt für Flugzeuge. Wir meinen bei solchen Bausätzen immer, es handle sich um Spielzeug für Kinder; aber wer sich als Erwachsener einmal an die Aufgabe wagt, eine solche Bastelarbeit nicht mechanisch und

gelangweilt, sondern mit der notwendigen Wissbegier und Informationsbereitschaft auszuführen, wird erstaunt sein, wie viel er dabei lernt.
Es gibt keine Kinderspiele. Es gibt nur Spiele und die jeweilige Geisteshaltung, mit denen man sich ihnen nähert.
Als ich ein Junge war, machten wir in der Grundschule regelmäßig „Unterrichtsgänge" – in den Wald, zum Postamt, in den Zoo, auf den Friedhof. Was mich wunderte, war, dass es auf dem Gymnasium solche Unterrichtsgänge plötzlich nicht mehr gab. Nun galt es, „abstrakt" zu denken, sich nur im Geiste mit dem Lernstoff zu beschäftigen, sprich: weltfremd zu werden. Abiturienten mögen im Vergleich zu anderen Schülern über einen großen theoretischen Wissensvorsprung verfügen; gleichzeitig sind sie oft auch diejenigen, die mit ihrem Bildungsschatz im praktischen Leben am wenigsten anzufangen wissen.

★ **Beispiel:** Nachdem du deinen Text mehrmals – unter Anwendung der oben beschriebenen Prinzipien – durchgelesen hast, stell dir nun vor, du wärst ein Dozent, der genau dieses Wissen einem Publikum vermitteln soll, das davon keine Ahnung hat. Das Lehrbuch ist dein Skript. Wir sind hier wieder an einem Punkt angelangt, an dem du dich der Macht der Fantasie bedienen musst. Du kannst auf deinem Sofa flegeln, aber in deiner Vorstellung bist du in einem Klassenzimmer oder Lehrsaal, und was du nun in Gedanken sprichst, ist dein Vortrag. Sei spontan, aber auch genau. Stell dir Fragen vor, die aus der Zuhörerschaft kommen könnten (und gehe ihnen, falls du sie nicht beantworten kannst, schnellstmöglich nach). Lass die Szene genau so vor deiner inneren Leinwand ablaufen, wie sie in Wirklichkeit sein könnte.
Das Geheimnis: Du bist im beschriebenen Fall gleichzeitig Lehrer und Schüler. Von Anton LaVey heißt es, dass er Orgelstunden gab, wobei er seinen Schülern oft nur ein oder zwei Unterrichtseinheiten voraus war, ohne dass jemand es merkte.[30] Du musst kein Experte sein, um über eine Sache zu sprechen – du musst lediglich darauf achten, nur das weiterzugeben, worüber du Bescheid weißt. Auch hier gilt die Regel: Sei genau. Sei gewissenhaft. Und wenn du jemanden findest, der wirklich Infos zu diesem Thema haben will, brauchst du deine Fantasie gar nicht anzustrengen, sondern kannst „am lebenden Objekt" üben.

★ **Beispiel:** Erwähle dir in der Fantasie deinen „eigenen" Lehrer. Wenn du einen Text über Forstwirtschaft oder Hege studierst, warum lässt du ihn dir

---

[30] Auf die gleiche Weise habe ich als Junge einmal einem Freund Gitarrenunterricht gegeben – mit einigem Erfolg.

nicht (im Geiste) von einem alten Förster erzählen, den du kennst? (Wenn du keinen kennst, erfinde einen.) Warum ist es nicht dein Lieblingskünstler, der dir die Tipps aus dem Buch „Aquarellmalen leicht gemacht“ präsentiert? Und wenn dein alter Physiklehrer dir sympathisch war, lass ihn weiterleben und dir dein Buch über Quantenphysik als Unterrichtsstoff genau so vortragen wie damals, in den guten alten Tagen. Baue dabei auch Spracheigenheiten an, die der Betreffende hatte, z. B. Dialekt, Stimme, Umgangssprache, Redetempo usw.
Eine Bekannte, die meine Bücher, weit von mir entfernt, in Indien las, sagte später zu mir: „Ich hörte dich jeden Satz selbst sprechen.“ Und wenn *ich* Briefe von Freunden lese, lese ich sie in Gedanken automatisch mit *ihrer* Stimme und in *ihrem* charakteristischen Tonfall – erst dadurch wird die Lektüre dieser Briefe zum individuellen Erlebnis und prägt sich nicht nur den kleinen grauen, sondern nahezu allen Körperzellen ein.

★ **Beispiel:** Wenn du dich eine Zeit lang mit einem Thema oder Text auseinandergesetzt hast, kannst du z. B. bei einem Spaziergang eine Art Selbstgespräch darüber führen. Bei dieser Übung werden dir deine Wissenslücken bewusst. Da ist ein Name, der dir nicht einfällt? Seltsam, noch heute morgen war er dir völlig geläufig. Da der Name jetzt in einem Gesamtzusammenhang steht, wächst sich das Bewusstsein deiner Lücke tatsächlich zur Neugier aus. Und das ist gut. Wenn du den Namen (respektive den Begriff, die Textstelle, den Zusammenhang etc.) jetzt noch einmal nachschlägst, hast du ihn in der Regel für immer.

★ **Beispiel:** An vielen Schulen ist heute vom „fächerübergreifenden Lernen“ die Rede. Wenn im Fach Geschichte gerade das Dritte Reich durchgenommen wird, was spricht dagegen, dass auch die Lektüre im Deutschunterricht sich mit diesem Thema beschäftigt? Du kannst selbst auch fächerübergreifend lernen. Wenn du einen englischen Text liest, um neue Vokabeln zu lernen, warum wählst du nicht einen, der sich mit der griechischen Götterwelt befasst, die dich sowieso gerade beschäftigt?
Oder: Wenn du die Gedichte von Paul Verlaine magst und dein Französisch verbessern willst, warum verbindest du nicht beides miteinander?
Oder: Wenn du schon gut Englisch kannst, deine Sprachkenntnisse aber ständig festigen willst, warum kaufst du dir dann – falls du vorhast, auch Italienisch zu lernen – keinen Italienischkurs für englische Muttersprachler? Das hört sich wirklich schwerer an, als es ist. In den Anfangslektionen erfahren wir, dass „il gatto“ die italienische Bezeichnung für „cat“ und „la donna“ für „woman“ ist. Probleme?

★ **Beispiel:** Prüfe dich selbst, indem du Fragen zum Text formulierst – und dann nicht auswendig beantwortest, sondern unter Zuhilfenahme des Buches. Du sollst ja nicht pauken, das Wissen soll in dir wachsen. Indem du Fragen (pro Buchseite im Höchstfall eine oder zwei) formulierst und mit Hilfe des Textes beantwortest, schreibst du auf, was du lernst, und das festigt, was du weißt. Es ist also kein „Abfragen" des Lernstoffs im eigentlichen Sinne, sondern vielmehr ein vertiefender Lernschritt.

★ **Beispiel:** Es ist besser, ein Buch viermal am Stück zu lesen als jedes Kapitel intensiv zu studieren, um erst dann zum nächsten Abschnitt überzugehen. Es reicht, einen Abschnitt *verstanden* zu haben, ehe man sich den nächsten vornimmt. Und hat man irgendeinen eher nebensächlichen Sachverhalt noch nicht kapiert, der für das Verständnis des Folgenden vielleicht unwesentlich ist, sollte man es auch damit erst mal gut sein lassen. Beim zweiten Durchgang versteht man mehr davon, wetten? So erarbeitet man sich ein Buch am besten durch *mehrmalige* Lektüre. Wissen ist etwas, das nicht gepaukt wird, sondern etwas, das wächst.
Die hier angeführten Lern-Tipps sind natürlich nicht vollständig; ich glaube aber, die wesentlichsten erwähnt zu haben. Wer sie beherzigt, wird meinem seltsam anmutenden ersten Satz bald zustimmen: dass Lernen eine der vergnüglichsten, wenn nicht sogar die (zweit-)vergnüglichste Sache der Welt ist.

Übungen

1. Menschen, die gleichermaßen intelligent und kreativ sind, können sich viele Dinge selbst beibringen. Wähle irgendein Stoffgebiet, das dich interessiert. Was würdest du gerne lernen? Eine neue Sprache? Etwas über Botanik? Du kannst dich natürlich für einen VHS-Kurs einschreiben, aber erfahrungsgemäß ist das Lerntempo dort auf die langsamsten Schüler zugeschnitten, und es dauert ewig, bis du dich z. B. in einer Fremdsprache einigermaßen ausdrücken kannst. Kauf dir lieber ein Lehrbuch mit Kassette, und dann leg los. Überleg dir vorher, wie du den Faktor Staunen einbringen kannst. Wenn es sich nicht um eine Fremdsprache handelt, sondern um Astronomie, warum verbindest du es nicht mit einer geistigen Reise in den Weltraum?

2. Egal, für welches Stoffgebiet du dich entschieden hast – vermeide auf jeden Fall, nur über deinen Büchern zu grübeln. Suche dir Anschauungsbeispiele. Erlebe in der Realität, was du dir theoretisch erarbeitest. Wenn du etwas über Bierherstellung lernst, besuche eine Brauerei. Wenn dich Botanik interessiert, pflanze selbst Blumen in deinem Garten an. Vergiss nie, dass nur auf diese Weise dein Wissen ins Langzeitgedächtnis übergeht.

3. Versuche, fächerübergreifend zu lernen. Was interessiert dich? Magie? Satanismus? Und du willst gleichzeitig Englisch lernen? Warum kaufst du dir dann nicht Peter H. Gilmores „Satanic Scriptures“ und studierst sie im Original? So lassen sich zwei Fliegen mit einer Klappe schlagen.

Wie man sich für null Euro einen Lügendetektor baut

Die in diesem Kapitel vorgestellten Techniken sind nicht meine Erfindung, sondern entstammen den Gebieten der Kinesiologie sowie der Methodik der EFT (Emotionalen Freiheit). Um sie zu begreifen, sollten wir uns noch einmal vergegenwärtigen, dass unser Körper stets auf unsere Gedanken reagiert – ganz unbewusst.

★ **Beispiel:** Wir fahren mit dem Auto durch die Stadt, und plötzlich, wie aus heiterem Himmel, beschleicht uns ein mulmiges Gefühl in der Magengrube. Es kribbelt, wir werden unruhig, fühlen uns wie vor einer Prüfung. Des Rätsels Lösung: Wir haben unbewusst einen Reiz aufgenommen, den wir in unserem Unterbewusstsein mit etwas anderem assoziieren, das uns Angst bereitet. Falls wir Angst vor körperlicher Gewalt (oder vielleicht ein entsprechendes Erlebnis noch nicht verarbeitet) haben, kann es z. B. das Bild einer geballten Faust auf einer Plakatwand gewesen sein, das wir bewusst gar nicht wahrgenommen haben.[31]
Es geht auch umgekehrt: Fühlen wir uns plötzlich aus unerklärlichem Grunde heiter, entspannt oder gar euphorisch, hat vermutlich ein unbewusster Reiz eine positive Assoziation ausgelöst.

★ **Beispiel:** Das Bild eines Säuglings kann uns an den bevorstehenden Feierabend im Kreis der Familie mit den Kindern erinnern und dafür sorgen, dass „Vorfreude-Hormone“ ausgeschüttet werden.
Die Beispiele sind sehr einfach gehalten; meist sind die Assoziationen komplexer und weniger leicht zu entschlüsseln. Wichtig ist nur: Sämtliche bewusst oder unbewusst aufgenommenen Eindrücke aus der Umgebung können zu bestimmten emotionalen Reaktionen führen, die uns zunächst unerklärlich sind und die wir auch nicht steuern können.
Auf diesem Gesetz gründen die beiden Techniken, die ich nun anhand von Beispielen vorstellen möchte.

---

[31] Ein eigenes Beispiel: Immer wenn ich im Friedhof an einer bestimmten Grabreihe vorbei kam, verspürte ich ein seltsames Gefühl von Versäumnis, das mich zutiefst beunruhigte. Das ging wochenlang so, ohne dass ich wusste, wo es herrührte. Bis mir der Name „Roloff“ auf einem der Grabsteine auffiel. Mir fiel sofort ein, dass ich mir einige Zeit davor von einem Bekannten dieses Namens in einer Kneipe, auf Grund einer zu Hause vergessenen Geldbörse, zwanzig Euro geliehen hatte – mit dem Versprechen, es ihm sofort per Post zurück zu senden. Dummerweise hatte ich es vergessen, und Roloff wartete noch immer. Nachdem ich ihm das Geld zurückerstattet hatte, war Ruhe.

★ **Beispiel:** Mache einen Versuch: Bitte einen deiner Bekannten oder Freunde darum, den linken Arm[32] seitlich auszustrecken und, sobald du versuchst, seinen Arm herunterzudrücken, Widerstand zu leisten. Bevor du jedoch anfängst, bitte ihn, an irgendetwas zu denken, z. B. an den Begriff Ehe. Wenn es dir gelingt, seinen Arm runterzudrücken, ist es sehr wahrscheinlich, dass mit *seiner* Ehe etwas nicht in Ordnung ist. Gelingt es ihm, deinem Druck standzuhalten, ist dies vermutlich nicht der Fall.
Man spricht bei dieser Technik vom kinesiologischen Muskeltest, und es handelt sich dabei keineswegs um ein Kräftemessen. Im Gegenteil: Die Person, die den Arm ausstreckt, ist – unabhängig von ihrer Körperkraft – fast immer in der Lage, dem Druck ihres Gegenübers standzuhalten – unter Normalbedingungen! Konfrontiert mit Gedanken oder Begriffen, die negative Assoziationen hervorrufen, scheinen diese Widerstandskräfte zu schwinden, und der Arm sinkt herab. Hat man dieses Prinzip begriffen, lässt sich der Muskeltest auf nahezu unbegrenzte Weise einsetzen.
Namen von Personen, mit denen man Schwierigkeiten hat, sowie bewusst oder unbewusst negativ besetzte Begriffe bewirken einen schwachen Muskel; die Namen von Leuten hingegen, die man mag, sowie positiv geprägte Worte lassen ihn stark bleiben.
Viele Heilpraktiker wenden den Muskeltest an, um bei ihren Patienten die Verträglichkeit von Lebensmitteln zu testen. Wenn der Arm bei „Spinat“ schwach wird, so meinen sie, empfiehlt es sich, sich anders zu ernähren als Popeye. Und wer gegen Apfelsäure allergisch ist, dem müssten beim Gedanken an die rotbackige Frucht ebenfalls die Kräfte im Arm schwinden.
Für den Anfang empfehle ich, mit Fragen oder Begriffen zu arbeiten, die überprüfbar sind – nur so kannst du in Erfahrung bringen, ob die Technik für dich überhaupt funktioniert. Wer nur ein wenig Bescheid weiß über die Zusammenhänge von Bewusstsein und Körper, wird an der Muskeltest-Methode nichts Unwissenschaftliches finden. Die Eso-Szene neigt freilich dazu, alles zur geheimnisumwitterten Pseudo-Religion aufzumotzen; schon deshalb sollte man sich auf kritische Weise selbst davon überzeugen, wie gut die Methode funktioniert, und erst mal nicht der Hybris verfallen, hieb- und stichfeste Krankheitsdiagnosen für andere stellen zu können.

★ **Beispiel:** Falls du allein arbeiten und mehr über dich als über andere erfahren willst, empfiehlt sich eine Art Mini-Muskeltest, zu dem keine zweite Per-

---

[32] In der Literatur wird normalerweise nicht unterschieden zwischen linkem und rechtem Arm. Da es sich hier aber um die Auswertung unbewusster Vorgänge handelt, empfehle ich, den der rechten, intuitiven Gehirnhälfte zugeordneten linken Arm zu wählen.

son benötigt wird, und mit dem du wunderbare Spielchen ausprobieren kannst – die sogenannte O-Ring-Methode:

1. Du bildest mit Daumen und Mittelfinger deiner nicht-dominanten[33] Hand einen Kreis, also ein O.
2. Dann streckst du mit der anderen (also deiner dominanten Hand) Daumen und Zeigefinger parallel zueinander aus.
3. Führe die beiden Finger in das O der anderen Hand ein und versuche durch Druck, den Kreis zu „sprengen“.
4. Gelingt es dir, so bedeutet das „Nein“; gelingt es dir nicht, bedeutet das „Ja“.

Wichtig ist, dass du dabei die ganze Zeit an dein Fragethema denkst (Liebe ich meinen Ehepartner wirklich? Fühle ich mich in meiner Wohnung wohl? Sind marinierte Heringe als Hochzeitsmahl wirklich das Ideale? Gehe ich wirklich gern zu Lieselottes Geburtstag?)

Es gibt Dinge in den Grauzonen zwischen Bewusstem und Unbewusstem, die wir auf Grund von Verdrängungsprozessen nicht richtig interpretieren können. So verlängern wir krankende Beziehungen oft über ein gesundes Maß hinaus. Der O-Ring-Test kann helfen, verborgene Tendenzen früh zu erkennen und Konsequenzen daraus zu ziehen.

Ich habe mit dem O-Ring-Test ein lustiges Spiel entwickelt, das ich den Sex-Test nenne. Er ist mir eingefallen, als ich irgendwann feststellte, dass gewisse konventionell „attraktive“ Menschen mich in erotischer Hinsicht überhaupt nicht reizen, während andere, konventionell weniger attraktive (wenn auch nicht potthässliche) Personen mich durchaus zu sexuellen Fantasien bewegen können und bereits entsprechende Nachtträume hervorriefen, die mich verwirrten. Hätte man mich gefragt, mit welcher dieser Personen ich nun wirklich gern eine Nacht *in der Realität* verbringen würde, hätte ich mich mit der Antwort schwer getan.

Ich wende also die O-Ring-Technik an und frage mich: Würdest du mit N. N. gern ins Bett gehen? Und wundere mich immer wieder über die Resultate, die mein Sexualverhalten von Grund auf verändert haben.

Bist du weiblich? Dann ist vielleicht auch die Frage interessant, von wem du ein Kind haben, d. h. mit wem du deine Gene gern vermischen würdest? Womöglich stößt du auf jemanden, von dem du es gar nicht gedacht hättest – und womöglich wäre es sogar die – genetisch gesehen – beste Mixtur.

---

[33] Die nicht-dominante Hand ist beim Linkshänder die rechte und umgekehrt.

Übungen

1. Wende Muskeltest und O-Ring-Methode nicht manisch an. Zwanzig Fragen hintereinander sind völliger Schwachsinn. Vor allem: Hinterfrage auf diese Weise nur Dinge, über die du dir wirklich im unklaren bist. Davon kann es viele geben: Beziehung, Wohnort, Beruf, Freundeskreis, Urlaubsziel etc.
2. Auch hier gilt: Anstatt dir anzumaßen, die Fragen anderer Personen zu hundert Prozent korrekt beantworten zu können, mache lieber ein Spielzeug daraus und übe zwanglos mit deinen Bekannten und Freunden. Wenn du es zum unfehlbaren Meister gebracht hast, wirst du den Posaunenstoß aus der Hölle schon nicht überhören.

Wie man sich vor Angriffen schützt

Die Frage, inwieweit man sich auf körperliche Auseinandersetzungen einlassen soll, lässt sich wieder am besten mit einem Blick auf das Tierreich beantworten: Wenn zwei Wölfe einen Kampf austragen, wird kein dritter Wolf auf die Idee kommen, sich einzumischen. Natürlich gibt es Fälle, bei denen es sich einfach gehört, dass man eingreift. Bei den meisten Schlägereien jedoch zeigt sich im Nachhinein, dass keine der beiden Parteien an irgendeiner Schadensbegrenzung interessiert ist; es handelt sich um Männer, die „sich etwas beweisen wollen", und jeder Fremde, der deshalb eigene Verletzungen riskiert, handelt töricht.
Was tun Wölfe noch? Sie beschützen ihre Jungen und dulden keine Übergriffe auf ihr Rudel. Vergleichbar der Situation, wenn ein Mensch erleben muss, dass ein Freund, Familienangehöriger oder sonst eine nahestehende Person von anderen attackiert wird. Wer hier nicht eingreift, handelt feige und naturwidrig.
Was tun Wölfe noch? Sie verteidigen sich selbst – wenn es wirklich notwendig ist, sich zu verteidigen. Kein Wolf wird dem anderen die Kehle durchbeißen, nur weil er das Gefühl hat, von ihm schräg angesehen oder versehentlich angerempelt worden zu sein.
Was tun Wölfe noch? Sie wehren sich, *suchen* aber nicht die Gefahr. Kein Wolf würde je einen schlafenden Bären wecken, nur um zu prüfen, ob er ihm nicht doch das Wasser reichen kann. Tiere kennen ihre Grenzen. Sie wissen, wann es besser ist, sich in seinem Bau zu verkriechen; sie wissen, wann Angriff sich lohnt und wann Flucht die bessere Wahl ist.
Der Straßenkampf-Experte Peyton Quinn wiederholt in seinen Büchern stets aufs neue die wichtigste aller Grundregeln: „Deine beste Strategie, wenn jemand versucht, einen Kampf mit dir anzufangen oder dich in einen Hinterhalt zu locken, ist, einfach wegzugehen." Alles andere wäre falscher, kontraproduktiver Stolz – im Satanismus als Sünde ausgewiesen.
Normalerweise versorgt die Natur uns für solche Fälle mit untrüglichen Mechanismen und Körperreaktionen: Wenn wir Angst haben, ist – von krankhaften Phobien mal abgesehen – Angst auch wirklich angebracht.[34] Sie ist ein

[34] Dies gilt auch für andere Reaktionen. Ich war als Jugendlicher absolut schwindelfrei und seiltanzte sogar einmal auf der Mauer eines ziemlich hohen Aussichtsturms. Heute ist daran gar nicht mehr zu denken. Mein Körper „weiß" einfach, dass man mit fast fünfzig nicht mehr über die notwendige körperliche Elastizität und Reaktionsfähigkeit verfügt, um Bergkraxeleien und Balanceakte auf hohen Gemäuern unter Kontrolle zu haben. Er kreiert also eine Angst vor der Situation, um zu verhindern, dass man sich überhaupt erst in entsprechende Situationen begibt.

Warnzeichen unseres Körpers, das uns vor unklugen Aktionen bewahrt. Hätten wir keine Angst, wäre unsere durchschnittliche Lebenserwartung wohl um ein Vielfaches geringer.
Dennoch geraten wir ab und zu in Situationen, in denen uns nicht anderes übrig bleibt, als uns unserer Angst zu stellen – z. B. wenn kein Fluchtweg sich bietet und wir wissen, dass wir wirklich in einer bedrohlichen Lage sind. Diese Faktoren sind gegeben, wenn z. B. eine gefährlich aussehende Type dich in einer finsteren Gasse anpöbelt, und du spüren kannst, dass er einen körperlichen Konflikt sucht.
Das Problem bei solchen Leuten ist: Du bist mit Sicherheit nicht der erste, mit dem er Streit anfängt. Er hat in den meisten Fällen Kampferfahrung, sonst würde nämlich *ihn* der natürliche Angstmechanismus davor bewahren, so zu handeln. Das zweite Problem: Leute von dieser Art haben meistens ein verpfuschtes Leben, woraus sich folgern lässt, dass sie nichts zu verlieren haben. Ihnen ist es ziemlich egal, ob sie morgen mit Veilchen und Prellungen oder gar einem gebrochenen Schädel auf der Intensivstation erwachen – dir aber nicht.
Du führst wahrscheinlich ein Leben, dessen Qualität hoch genug ist, dass du es erstens nicht nötig hast, bei der erstbesten Person, die dir begegnet, Streit zu suchen, und dass du zweitens diese Qualität nicht durch die *sinnlosen* Resultate einer *sinnlosen* Keilerei beeinträchtigt sehen möchtest. Du hast es bei solchen Begegnungen in der Regel mit moralisch völlig verwahrlosten Typen zu tun, die das, was für dich ein Super-Gau wäre, als willkommene Abwechslung empfinden.[35]
Auch hier lässt sich mit den Methoden der Lesser Magic eine Menge bewirken: Einige Techniken zur Vermeidung von körperlichen Konflikten habe ich bereits in meinen Büchern „Satans Handbuch“ und „Die Schule des Teufels“ beschrieben. Um die in diesem Kapitel vorgestellte Technik zu begreifen, machen wir einen Sprung in die Vergangenheit, in unser Kinderzimmer, in unser Bettchen.
Wir sind fünf oder sechs Jahre alt – und im Moment wahnsinnig traurig. Irgendetwas hat nicht geklappt – eine Bitte blieb unerfüllt, oder ein großer

---

[35] Leider geht unsere Rechtssprechung mit solchen Personen nur allzu nachsichtig um. Ich erlebte es in den achtziger Jahren als junger Gerichtsreporter: Ein paar Arbeitsstunden, mal ein Arrestwochenende, eine Spende ans Rote Kreuz – das waren in der Regel die einzigen Konsequenzen für jugendliche Gewalttäter, die schon zum wiederholten Male vor dem Kadi standen. Irgendwann verletzten sie jemanden schwer oder begingen sogar ein Totschlagsdelikt. Erst dann stellten alle sich kopfschüttelnd die Frage, weshalb Personen mit einer solchen „Karriere“ überhaupt noch frei herumlaufen konnten.

Traum ist zerbrochen. Jetzt kullern die Tränen. Wir brauchen jemanden, der uns beisteht, sich an unser Bett setzt und uns tröstet. Aber wen rufen wir?

a) Den großen Bruder, der immer nur Flausen im Kopf hat und dem zu jeder Situation ein doofer Witz einfällt? Ob er uns aufmuntern kann?

b) Oder rufen wir den Vater, der gut im Argumentieren ist und uns vermutlich sehr einleuchtend erklären kann, warum unser Wunsch nicht in Erfüllung gegangen ist?

c) Oder die Mutter, die immer traurig ist, wenn wir es auch sind, und die dann leise und sanft mit uns redet – nur mit dem Unterschied, dass auf ihrem Gesicht so etwas wie ein mildes Lächeln spielt, das nach einiger Zeit auf uns überspringt, dann zum Lachen wird – und wieder überspringt?

Kein Zweifel – ohne witzige Brüder oder analytische Väter in ihrer durchaus wichtigen Funktion schmälern zu wollen, ist uns doch klar, dass in diesem speziellen Fall die Mutter die beste Wahl von allen ist. Woran liegt das?
DU bist traurig. Der BRUDER ist witzig und gut gelaunt. Dazwischen klaffen Welten. Ebenso zwischen dir und dem rationalen VATER. Traurigkeit verträgt sich nicht mit Logik. Du brauchst jemanden, der dir emotional so *nahe* wie möglich – und dennoch *eine Spur* positiver ist. Es ist das einzige, was dir in jenem Moment wirklich helfen kann. Also die Mutter.
Mit Heidideldum und Bumsfallera lassen traurige Verstimmungen sich nicht heilen – die Kluft dazwischen ist zu groß. Deshalb empfiehlt es sich auch, bei depressiven Zuständen eher leise, melancholische Musik zu hören. Mit Erklärungsversuchen lässt sich Traurigkeit ebenso wenig kurieren. Hier ist es die Kluft zwischen Emotion und Verstand, die ein gegenseitiges Verstehen behindert. Findest du aber jemanden, dem es gelingt, sich auf deine Stimmungslage zu begeben und dann einen winzigen Gang höher zu schalten – dann hast du den besten Heiler gefunden, den es für dich gibt.
Zurück zu unserer bedrohlichen Situation auf der Straße: Beobachte genau, in welcher Stimmungslage sich die Person befindet, die soeben in Begriff ist, deine Lebensqualität zu schmälern. Meistens sind es Wut, Enttäuschung oder Frust, die sich in den Zügen solcher Menschen spiegeln. Und, auch das erkennt Peyton Quinn sehr richtig: Sie können es nicht ertragen, wenn andere ihren Spaß haben. Gehst du also in Feierlaune und mit fröhlichem Gejohle an ihnen vorbei, ist die Wahrscheinlichkeit, dass du ihren Unmut auf dich ziehst, sehr naheliegend.
Nehmen wir den Fall des Rentners, der in der Münchner U-Bahn von zwei jungen Ausländern fast totgeschlagen wurde, weil er sie auf ein Rauchverbot

aufmerksam machte. Ich will das Verhalten der Täter auf keinen Fall relativieren oder gar entschuldigen (im Gegenteil – ich fand die Strafen, die sie bekamen, noch viel zu mild) – trotzdem bin ich der Meinung, dass das Opfer aus psychologischer Sicht nicht allzu klug gehandelt hat. Du sitzt in der U-Bahn, du siehst zwei unterbelichtete Typen, kaum der deutschen Sprache mächtig, du siehst, dass sie besoffen sind, du nimmst ihr aggressives Potential wahr, du weißt außerdem, dass sie dir im Ernstfall überlegen wären. In einem solchen Moment auf ein Rauchverbot hinzuweisen, zeugt von keinem allzu ausgeprägten Selbsterhaltungstrieb.

Es hat mit Feigheit nichts zu tun, eine Auseinandersetzung zu vermeiden, die völlig *sinnlos* wäre. Wenn ich jemandem, der eine Schlägerei sucht, eine Schlägerei verschaffe, erweise ich ihm einen Gefallen, mir selbst aber nicht.

Wenn also jemand sich dir nähert, der eine potentielle Gefahr darstellt, solltest du als erstes feststellen, in welcher Stimmungslage der andere sich befindet, dann ahme diese Stimmung nach und gehe eine Idee höher. Hier kommt es auf dein schauspielerisches Können an. Die meisten Leute sind darin unglaublich schlecht. Was aber Personen, die notorisch Ärger suchen, auch nicht gerade mit dem scharfsinnigen Blick des Theaterkritikers erkennen werden.

Die Methode ist zugegebenermaßen eine Gratwanderung. Interpretationsschwierigkeiten der Stimmungslage anderer sowie das Unvermögen, die richtigen Signale auszusenden, machen sie für zahlreiche Anfänger zu einer echten Hürde. Wenn gar nichts mehr funktioniert, empfehle ich die Technik, die zumindest mir einige Male geholfen hat, um einer Schlägerei aus dem Weg zu gehen. Ich stelle sie in Form eines kleinen Theaterdialogs dar (auch sie funktioniert nicht immer, aber erstaunlich oft).

Person A: (erregt und torkelnd): Hey, glotz mich nicht so blöd an. Brauchst was aufs Maul oder wie?

Person B: (sich langsam nähernd): Sag mal, kennen wir uns nicht?

Person A: (zögernd): Kennen? Woher?

Person B: Na, von vorletztem Jahr. Auf der Party bei Sven.[36] Du bist doch der … Micha? … nee, Micha nicht … aber du bist der …

Person A: Der Alex.

Person B: Genau. Der Alex. Weißt du nicht mehr? Ich hab dir damals 'nen Wodka ausgegeben. Wir hatten beide 'nen ziemlichen Frust an dem Abend. Und ich weiß nicht … da war doch auch die Anja dabei …

Person A: Du meinst, die Sonja?

---

[36] Um die letzten Zweifel auszuräumen: Es gibt keinen Sven.

Person B: Na klar, Sonja heißt sie. Dann sind wir … ich weiß nicht, bist du auch im Taxi mitgefahren?

Person A: (sich an nichts erinnernd, aber in seiner schwachsinnigen Birne alles für möglich haltend)*: Keine Ahnung.*

Person B: Nö, ich glaub, im Taxi waren nur ich, die Tanja und der Sascha. Den hab ich kürzlich mal getroffen. Ich soll dir schöne Grüße ausrichten. (auf die Uhr blickend) Du, ich bin etwas unter Zeitdruck, aber irgendwann …

Alles klar?

Übungen

1. Der kleine Dialog am Ende des Kapitels wird nicht immer so verlaufen wie von mir geschildert. Halte dir also für andere Wendungen des Gesprächs verschiedene Ersatz-Strategien bereit. Sie sind eine Waffe in deiner Hosentasche.
2. Der Beispieldialog bezieht sich auf eine ganz bestimmte Situation; es gibt tausend andere. Auch für sie solltest du Waffen schmieden.
3. Zusätzlich schadet es nicht, ein wenig darüber Bescheid zu wissen, wie man auch mal richtig zulangen kann. Peyton Quinns Buch ist in diesem Zusammenhang nicht das schlechteste.

Wie man zum Tier wird

„Ich werd zum Tier“ – diese Redewendung bedeutet meist, dass jemand drauf und dran ist, die Beherrschung zu verlieren. Der Mensch meint also, Tiere seien unbeherrscht, was ein Irrtum ist. Katzen beispielsweise legen in der Regel eine Selbstkontrolle an den Tag, von der wir Menschen nur träumen können. Wenn wir vorgeben, „zum Tier zu werden“, werden wir meist genau zu dem, woran wir am wenigsten denken: zum Menschen nämlich.

Um wirklich zum Tier zu werden, bedarf es etwas mehr Mühe. Es hieße nämlich, all jene Fähigkeiten zu entwickeln, die Tiere uns voraus haben – was nicht wenige sind. Es beginnt damit, dass Tiere sich z. B. niemals überlebensfeindlich verhalten, d. h. dass ihre Aktionen stets darauf gerichtet sind, sich selbst und der Gruppe, der sie zugehören, so wenig wie möglich zu schaden und dem angeborenen Selbsterhaltungstrieb Genüge zu tun.

Der Mensch verhält sich anders – am häufigsten dann, wenn er glaubt, „zum Tier geworden“ zu sein.

Es kann nicht oft genug wiederholt werden: Um zu prüfen, wie sinnvoll eine Handlung ist, die man begeht, lohnt es sich, aufs Tierreich zu schielen. Natürlich wäre es Blödsinn, zu fragen: Ist es sinnvoll, Briefmarken zu sammeln (schließlich gibt es kein Tier, das Briefmarken sammelt)? Man sammelt Briefmarken, weil es einem Spaß macht, und Tiere tun ebenfalls Dinge, die ihnen Spaß machen – jedes seinem eigenen Horizont entsprechend. Menschen brauchen Hobbys; einem Hund genügt es schon, ab und zu einen Falter zu jagen.

Bei der Bewältigung unseres Alltags verlassen wir uns meist völlig auf unseren so überschätzten menschlichen „Verstand“ und trainieren uns all jene natürlichen Mechanismen ab, die Tieren geblieben sind und die auch für uns im Alltag äußerst hilfreich wären.

Denken wir etwa an das „Wittern von Gefahr“, ohne irgendwelche Hinweise über die normalen fünf Sinne zu empfangen. Viele Forscher zweifeln daran, dass Tiere über diese Eigenschaft wirklich verfügen, aber Hundebesitzer wissen es besser. So kann ein Hund sich weigern, einen bestimmten Weg mit seinem Herrn zu gehen, weil er „spürt“, dass seinem Herrn dort ein Unglück passieren könnte.

Der Mensch spricht in diesem Fall von seiner „inneren Stimme“, die ihm etwas „sagt“; in Wirklichkeit handelt es sich eher um ein mulmiges Gefühl, den Eindruck, „heute sei etwas anders als sonst“, nichts Artikulierbares also, keine Worte, die man vernimmt.

Kinder verfügen über diese Eigenschaft häufiger als Erwachsene. Kinder können z. B. die Wohnung betreten und noch bevor eine Silbe gesagt wurde,

erspüren, dass die Eltern gestritten haben. Etwas ist anders. Exakter lässt es sich nicht ausdrücken.
Natürlich spüren auch Erwachsene es, wenn etwas anders ist; bei ihnen jedoch drängt sich sofort die „Stimme der Vernunft“ dazwischen und versucht, zu relativieren und zu rationalisieren. Sie fragen sich: *Was* ist anders? Darauf jedoch gibt es keine Antwort, da „etwas“ wie erwähnt die genaueste aller möglichen Auskünfte ist. Und da sie kein *Was* finden, lassen sie das mulmige Gefühl unbeachtet und verdrängen es.
Wenn du zum Tier werden willst, darfst du die Warnsignale deines Unterbewusstseins nicht hinterfragen; du nimmst ihnen sonst ihre Kraft. „*Etwas* ist anders“ genügt, um als Folge davon auch *etwas* damit in Zusammenhang stehendes anders zu machen wie gewohnt, nämlich einen bestimmten Weg nicht zu gehen, eine bestimmte Speise nicht zu essen, eine bestimmte Party nicht zu besuchen, in ein bestimmtes Flugzeug nicht zu steigen.
Eine zweite Fähigkeit von Tieren besteht darin, ohne das Benutzen einer Uhr die Tageszeit sehr genau bestimmen zu können. Hirsche finden sich täglich zur gleichen Uhrzeit an der Futterkrippe ein, und dein Hund bellt dich womöglich jeden Tag pünktlich um 7.03 Uhr aus dem Schlaf. Oft hört man die Erklärung, Tiere würden sich am Sonnenstand orientieren, was richtig sein mag, aber sie tun es *unbewusst,* was heißen soll: Sie warten nicht, bis die Sonne an einem gewissen Punkt steht, und wecken dich dann; sie erkennen einfach das Gesamtbild und agieren entsprechend.

★ **Beispiel:** Versuche, einen Tag ohne Armbanduhr auszukommen und zu verschiedenen Tageszeiten zu erraten, wie spät es ist. Du wirst am Anfang sehr verkrampft sein und ständig in Versuchung geraten, dich auf das Verstreichen der Zeit zu konzentrieren, doch allmählich wirst du Fortschritte machen. Die beste Möglichkeit, ein gut funktionierendes Zeitgefühl zu entwickeln, besteht darin, ganz auf eine Uhr zu verzichten (außer wenn es um wichtige Termine geht).
Nützlich ist es auch, mit dem Vorsatz schlafen zu gehen, zu einem festgelegten Zeitpunkt ohne Wecker zu erwachen. Manche empfehlen, eine Uhrscheibe mit der betreffenden Zeit auf ein Blatt Papier zu zeichnen und sich dann fünf Minuten lang darauf zu konzentrieren; da ich aber noch nie einen Hund so etwas habe tun sehen, halte ich es zur Entwicklung der Fähigkeit an sich für unnötig.
Auch wenn sie die Fähigkeiten eines Tieres in der Wildnis nie erlangen werden, sind unsere Haustiere uns dennoch in vielen Dingen überlegen. Der Mensch tut sich schwer damit, dem Tier in irgendeinem Punkt Überlegenheit zuzugestehen, da sowohl Wissenschaft („Mensch als höchst entwickeltes Le-

bewesen“) als auch Religion („Krone der Schöpfung“) die Hybris der Zweibeiner nähren und untermauern. Natürlich ist die Fähigkeit zu lesen, zu schreiben, zu analysieren dem Menschen vorbehalten; dabei geht er jedoch stets von der stillschweigenden Annahme aus, über diese Kenntnisse *zusätzlich* zu den tierischen Fähigkeiten zu verfügen; er hat sie aber *stattdessen.*
Deshalb sitze ich hier und schreibe ein (wie ich hoffe, lesenswertes) Buch; es nähme jedoch ein beschämendes Ende, würde ich den Versuch unternehmen, wie eine Katze ohne Anlauf vom Boden auf ein Fenstersims zu springen. Auch möchte ich nicht daran denken, wie viele Genickbrüche sich täglich im Urwald ereignen würden, wenn Menschen versuchen würden, sich wie Affen durchs Baumdickicht zu schwingen.
Katzen mögen manche Besucher nicht; weswegen – das erkennt ihr Besitzer meist erst, wenn er diese Leute bereits viel zu lange seine Freunde genannt hat.
Hunde erkennen sehr deutlich, ob ihr Herrchen sich mit einem Kumpel aus Spaß herumbalgt oder mit einem Fremden eine ernsthafte Auseinandersetzung ausficht; sie wissen auch sehr gut, ob jemand sie mit Absicht getreten hat oder aus Versehen.
Elefanten haben ein umwerfendes Gedächtnis – aber es reduziert sich auf das, was für ihr Überleben notwendig ist. Sie prägen sich keine Schlagermelodien ein, um sie dann durch die Savanne zu trompeten, doch an den Wilderer, der ihnen vor vielen Jahren einen Streifschuss verpasst hat, erinnern sie sich genau, und wehe, sie treffen ihn einmal ohne Gewehr an.
Ausgesetzte Haustiere finden oft über Hunderte von Kilometern zurück nach Hause. Ein Phänomen, das sich mit dem noch immer nicht gelösten Rätsel der Vogelzüge vergleichen lässt. Dass Stare, Störche und andere Zugvogelarten mit unfehlbarer Treffsicherheit den Weg ins fremde Land und zurück in die Heimat finden, hat nicht nur mit den Magnetfeldern der Erde zu tun, sondern anscheinend auch mit einem angeborenen Bild des Sternenhimmels, das dic Tiere in ihrem Unterbewusstsein mit sich tragen.
Wir sind nicht die Krone der Schöpfung. Wir sind auch nicht das höchst entwickelte Lebewesen. Wir haben zwar Fähigkeiten, die unseren speziellen Zwecken entgegenkommen – dasselbe jedoch gilt auch für Igel, Fuchs und Schildkröte. Tiere können von uns nicht viel lernen, da sie über keinerlei Intellekt verfügen, und sie würden es auch nicht lernen wollen, weil das Fehlen eben jenes Intellekts sie schon oft vor dem sicheren Tod bewahrt hat. Wir hingegen, in unseren urbanen Wüsten, wären ohne logisches Denken und Intellekt nicht überlebensfähig.

Umgekehrt aber können wir von Tieren lernen – weil wir selbst welche sind. Instinkte, unbewusste Mechanismen und das, was wir Intuition nennen, sind Überbleibsel unseres einstmaligen Lebens in der Wildnis.
Wie kann es uns gelingen, Ur-Instinkte und die natürlichen Zauberkräfte von Tieren wieder für uns nutzbar zu machen? Dazu abschließend ein Wort in eigener Sache.
Ich bin auf dem Land aufgewachsen, aber nach der Pubertät ödete mich das Leben dort furchtbar an, und es zog mich in Großstädte, ich wurde zum Partygänger und Nachtfalken, lebte jahrelang zwischen Asphalt und Neon, und glaubte, den für mich optimalen Lebensstil gefunden zu haben. Und es dauerte Jahre, bis ich erkannt hatte, dass es völlig richtig ist, was Ragnar Redbeard in „Might is Right" schreibt, nämlich:
„... dass weder große Menschen noch große Helden in der Stadt aufgewachsen sind. Städte sind (...) die Müllhalden und Abfallhaufen der Welt. Sie sind die Brutstätten alles Schändlichen und Niedrigen, (...) in denen die berüchtigten Prostituierten und die noch berüchtigteren Zeitungsredakteure Seite an Seite die Luft verpesten und ihre Krankheiten mit jedem Windhauch verbreiten."
Städte sind Mainstream. Städte sind Zeitgeist. Städte sind die Keimstätten jener Eintönigkeit, Verbildung und Oberflächlichkeit, die unser Leben täglich über TV und Internet zumüllen.
Ich war fast dreißig, als ich das begriff und zurück aufs Land zog – diesmal für immer. Heute lebe ich ohne Hektik, ganz dem Wandel der Natur im Jahreskreis folgend. Ich beobachte Wolken und Sterne, tolle mit meinem Hund herum, füttere Enten am Bach und bewundere die Flugkunststücke der Fledermäuse, die abends um die Mauern meines Hauses an der Angermühle streichen.
Ich vermute, dass ich glücklich bin.
Wenn du zum Tier werden willst, tu es mir nach.

Literatur

Annemann, Theodore: *Practical Mental Magic*, Philadelphia, 1983
Arntz, William u. a.: *Bleep.* An der Schnittstelle von Spiritualität und Wissenschaft, Kirchzarten, 2007
Banzhaf, Hajo: *Das Tarot-Handbuch*, München, 1991
Birkenbihl, Vera F.: *ABC-Kreativ.* Techniken zur kreativen Problemlösung, Genf, 2002
Carnegie, Dale: *Wie man Freunde gewinnt*, München, 2000
Dethlefsen, Thorwald/Dahlke, Dr. Rüdiger: *Krankheit als Weg*, München, 2000
Epstein, Alan: *Glück ist, was du täglich tust*, Bergisch-Gladbach, 1997
Fehn, Oliver: *Im Schein der Schwarzen Flamme.* Satanische Essays und Enthüllungen, Siegburg, 2008
Fehn, Oliver: *Satans Handbuch*, Leipzig, 2002
Fehn, Oliver: *Die Schule des Teufels*, Leipzig 2003
Greene, Robert: *Power*, München, 2001
Greene, Robert: *Die 24 Gesetze der Verführung*, München, 2004
Hubbard, L. Ron: *Eine neue Sicht des Lebens*, Kopenhagen, 2007
Klein, Nicolaus/Dahlke, Rüdiger: *Das senkrechte Weltbild*, München, 1991
Kronlob, Lars Peter: *Die Philosophie des Satanismus*, Siegburg, 2005
LaVey, Anton Szandor: *Die Satanische Bibel*, Berlin, 1996
LaVey, Anton Szandor: *Die Satanische Hexe*, Berlin, 2000
McKenna, Jed: *Spirituelle Dissonanz*, Aachen, 2008
Nelms, Henning: *Zauberei und Schauspielkunst.* Ein Handbuch für Zauberkünstler, Thun, 1994
O'Connor, Joseph: *NLP.* Das Workbook, Kirchzarten 2005
Onkel Urian: *Götterschmiede.* Kleines Handbuch zum Übermenschen, Siegburg, 2008
Pinter, Holger: *Macht, Erfolg und andere Werte.* Sozialdarwinistische Ethik in Theorie und Praxis, Siegburg, 2007
Quinn, Peyton: *Das Straßenkampf-Handbuch*, Buchholz, 1990
Redbeard, Ragnar: *Might is Right*, Siegburg, 2004
Sor. Conata: *Küchenmagi*e, Leipzig, 1994
Walsch, Neale Donald: *Gespräche mit Gott*, München, 1997
Walsch, Neale Donald: *Zuhause in Gott*, München, 2006
Weidner, Christopher: *Die Sprache der Sterne.* Ein Astrologiekurs für Einsteiger, München, 1999
Yara: *Magie im Alltag*, Leipzig, 2007
Zeilinger, Anton: *Einsteins Spuk.* Teleportation und weitere Mysterien der Quantenphysik, München, 2007

Weitere Bücher von Oliver Fehn

Die Schule des Teufels
Satanisches Wissen für das 21. Jahrhundert

ISBN 978-3-89094-389-3, 176 Seiten, Softcover, Format DIN-A5

In Oliver Fehns Handbuch der satanischen Magie erfährt der Leser, warum wir uns nicht gern mit Typen fortpflanzen, deren Nasen fettig glänzen; warum manche - biologisch gesunde - Menschen aus psychologischer Sicht als Leichname gelten müssen; warum ein Gewitter auf den Fidschi-Inseln für das Schicksal eines Mädchens in Kiel ausschlaggebend sein kann; wie man mit Minimalmagie jedem Feind einen sofortigen Denkzettel verpassen kann; wie wir unser Leben reicher an "kleinen Wundern" machen können; warum Götter - in der "Retorte" erschaffen - wirklich zu leben beginnen; wie wir alle in die Grabkammern des Grauens eindringen und unsere eigenen "Vampirsärge" öffnen können; wie der Stern Capella oder Supermans Festung der Einsamkeit ganz ohne esoterischen Firlefanz Depressionen heilen können; warum wir die Frau/den Mann unserer Träume nie bekommen, solange wir auf sie/ihn warten; und vieles mehr! Der Band enthält außerdem zwei Aufsätze zu aktuellen satanischen Themen sowie sein dichterisches Werk "Satans Neues Testament".

Satans Handbuch
Schwarze Philosophien, teuflische Rituale, sowie Ratschläge & Tricks für den Alltag

ISBN 978-3-89094-366-4, 152 Seiten, Softcover, Format DIN-A5

In diesem Buch scheint Satan höchstpersönlich zum Leser zu sprechen - und ihm eine Vielzahl teuflischer Tricks und Strategien zu so alltäglichen Themen wie Sex, Lügen, Geld, Rache und psychologische Kriegsführung zu enthüllen. Der Leser erfährt zum Beispiel, wie er sich je nach Lust und Laune zum mysteriösen Schreckgespenst oder zum charismatischen Verführer machen kann und wie man finstere Rituale richtig ausführt. Die theoretischen Kapitel vermitteln eine Satanische Philosophie, die sich als bitterer Gegenpol zur braven, angepassten "Correctness" des 21. Jahrhunderts versteht.
"Satans Handbuch" ist so etwas wie die erste deutsche Satansbibel. Satanismus im Fehn'schen Sinne - das ist Freiheit, Genuss, Frechheit, Sünde, Lust, Manipulation - und Alltagsmagie. Der Satanist ist der "Trickster", "The Great Pretender", der sich mit Hilfe genialer Zaubertricks durchs Leben schlägt und den "Herdenschafen" stets um ein paar Nasenlängen voraus ist.

Die dunkle Seite von Jesus
Ein blasphemischer Spaziergang durch die Welt des Neuen Testaments

ISBN 978-3-89094-460-9, 152 Seiten, Softcover, Format DIN-A5

War Jesus der Sohn einer Prostituierten? War er schwul? Schwer erziehbar? Ein Junkie? Verheiratet mit Maria Magdalena? Wo hielt er sich zwischen seinem 12. und 30. Lebensjahr auf? - So lauten einige der Fragen, die Oliver Fehn in diesem Buch mit theologisch-wissenschaftlicher Sorgfalt zu beantworten versucht. So mutig hat sich noch keiner ans Thema Jesus herangewagt. Auch für Kritiker des Christentums war der Mann aus Nazareth jahrhundertelang eine unantastbare Ikone - ein Mann, dessen Ideale und ethische Lehren selbst von Kirchengegnern gewürdigt und gutgeheißen wurden.
Oliver Fehn hingegen betrachtet Bergpredigt und "soziale Botschaft" des Nazareners mit kritischer Distanz. Was ihn viel mehr interessiert, ist ie "dunkle", verborgene, mithin menschliche Seite Jesu, das von der Kirche verschwiegene oder bewusst uminterpretierte Material der Bibel. Er will Jesus "dort begegnen, wo wir alle uns von Zeit zu Zeit die Hand reichen: in den Regionen der Lust, des Lasters, des Verschwiegenen, der Tabus, des Dämmerlichts." Dieses Buch bietet Zündstoff für nächtelange Diskussionen.